Ina Beck

Entwicklungsblockaden durch aktive Veränderungen lösen

Entwicklungsblockaden durch aktive Veränderungen lösen

© 2009 Ina Beck

Herstellung und Verlag:
Books on Demand GmbH, Norderstedt
ISBN 978-3-8391-2844-2

Entwicklungsblockaden durch aktive Veränderungen lösen.

Inhaltsverzeichnis:

V. Quellenverzeichnis

1. ICD 10

2. Lexikon.freenet.de

3. Nach http://www.sign-lang.uni-hamburg.de

Abbildungsverzeichnis

Tabellenverzeichnis

1. Vorwort

Oft steht die Frage im Raum:
"Genau gesagt komme ich nicht mehr so recht voran und ich weiß nicht aus welchem Grund?"
Sei es in der Partnerschaft, im Beruf oder auch im gesellschaftlichen Bereich, um nur einige zu nennen. All zu oft hört man dann den Rat: "Du musst etwas Verändern!" Doch warum soll gerade ich mich verändern? Warum soll alles an mir liegen, der/die andere/n tragen doch auch dazu bei, das alles so läuft und was ist dieses Etwas?
Dieses Etwas ist die aktive Gestaltung der Veränderung und gar nicht so kompliziert oder umständlich, wie viele Menschen denken.
Gut, es ist Schaffen an der eigenen Person, doch durch die eigene Veränderung komme ich zu meinen Zielen und zum anderen erreiche ich auch, dass in vielen Bereichen Veränderungen stattfinden.
Meine Arbeit basiert auf der Verhaltenstherapie, welche in kürze als Hilfe zur Selbsthilfe (wobei der Klient sich Kompetenzen aneignet, durch welche er sein Leben selbst entwickeln kann) gesehen wird und charakteristisch ist hier, das sich die Konzentration auf gegenwärtige statt auf vergangene Handlungsdeterminanten bezieht. Meines Erachtens ist dies sinnvoller, da ich die Vergangenheit nicht mehr verändern kann, das Geschehene ist geschehen, jedoch kann ich im Hinblick zur Vergangenheit das Hier und Jetzt verändern.
Um nur einen Punkt zu nennen, der dies verdeutlicht: In der Gruppe von Schülern erlebe ich mehrmals am Tag, das die Schüler sich beklagen und sagen:"Der hat doch angefangen damit!" Worauf ich immer sage: "Wenn du nichts veränderst, wer denn dann!"" Hab den Mut und die Kraft dazu!"

Innerhalb meiner Arbeit möchte ich Vergleiche aufzeigen, warum eine aktiv gestaltete Veränderung von Blockaden wie: Ängsten, Erfahrungen, Vermeidungsverhalten, Abwehrmechanismen, Konditionierungen und Glaubenssätzen dazu führt, sich in verschiedenen Entwicklungsbereichen weiter zu entwickeln. In meiner Einleitung habe ich Darstellungen von Entwicklungsblockaden, die hieraus entstehenden Auswirkungen auf die einzelnen Bereiche, Problembeschreibungen und Zielsetzungen beschrieben. Im Hauptteil komme ich auf den Kernpunkt der Veränderung, welche ich in strukturellem Aufbau beschrieben habe, um die einzelnen Entwicklungsbereiche besser hervorheben zu können.

Im Schlussteil habe ich einen Methodenvergleich erstellt, so dass es ersichtlich ist, durch welche der angegebenen Methoden Veränderungen am besten erzielt werden können.

Ich will aufwachen

und in das Leben tanzen

frei

voller Kraft

auf der ständigen Suche nach Neuem

mit dem Fühlen

von Veränderung

in mir.

Einleitung

2.1   Darstellung von Entwicklungsblockaden

Entwicklungs-, -phase, -prozess, -stadium, -stufe, der Prozess, bei dem sich jemand/etwas verändert. Nun kann dieser Prozess der Entwicklung durch Blockaden wie Ängste, Erfahrungen, Vermeidungsverhalten, Abwehrmechanismen, Konditionierungen und Glaubenssätze unterbrochen sein. Im medizinischen oder psychologischen Bereich werden Blockaden oft als Störungen bezeichnet, da das Wort Störung allein bereits einen negativen Aspekt mit sich trägt und dies heißen würde, das der Ausgangszustand nur bedingt änderbar ist benenne ich sie hier als Blockaden, welche eine Grenze darstellen und diese erweitert werden kann. All die in Folge beschriebenen Blockaden können in gegenseitiger Wechselwirkung miteinander stehen.

Angst:
Die Angst ist ein ursprüngliches Gefühl, welches uns vor Gefahr warnt, auf das wir mit einer Flucht oder Angriffsreaktion antworten. Wir reagieren auf jeden neuen Reiz auf die gleiche Weise und setzen uns so mit der Situation auseinander. Das Resultat dieser Auseinandersetzung ist die Basis unseres Verhaltens. Da wir uns im Laufe unseres Lebens weiter entwickeln, muss diese Basis dem heutigen Stand angepasst werden und das Resultat, welches wir zu einem früheren Zeitpunkt erfahren haben überprüft werden. Würde keine Überprüfung stattfinden, so würden wir uns stetig sensibilisieren und könnten uns nur auf die bereits erhaltenen Kenntnisse berufen.

Symptome der Angst:

- ❏ Erhöhte Aufmerksamkeit, Pupillen weiten sich, Seh und Hörnerven werden empfindlicher
- ❏ Erhöhte Muskelanspannung, Erhöhte Reaktionsgeschwindigkeit
- ❏ Erhöhte Herzfrequenz, erhöhter Blutdruck
- ❏ Flachere und schnellere Atmung
- ❏ Energiebereitstellung in Muskeln
- ❏ Körperliche Reaktionen wie Z. B. Schwitzen, Zittern und Schwindelgefühl
- ❏ Blasen, Darm und Magentätigkeit werden während des Zustandes der Angst gehemmt…(2)

Auswirkungen der Angst:

In einer alltäglichen Auseinandersetzung stellt sich nach einem Gefühl der Unsicherheit wieder Sicherheit her, hieraus resultiert in gleicher Weise die Selbstsicherheit.

Jedoch kann es Formen von Angst geben, die einer sensibilisierten Auseinandersetzung entspringen, welche als Angststörung bezeichnet werden.

Hier steht die Furcht vor einem Objekt oder einer Situation oder unspezifische Ängste im Vordergrund. Wenn es ein solches gefürchtetes Objekt oder eine Situation gibt, spricht man von einer Phobie.

Den Phobien ist gemeinsam, dass die Betroffenen Ängste haben vor Dingen, die normalerweise nicht als gefährlich gelten. Dabei erkennen die Betroffenen zeitweise, dass ihre Angst übermäßig oder unbegründet ist.

Von pathologischer Angst spricht man, wenn folgende Kriterien gegeben sind:
- ❏ Die Angstreaktionen sind einer Situation nicht mehr angemessen.
- ❏ Die Angstreaktionen sind überdauernd (chronisch).
- ❏ Die Person besitzt keine Möglichkeit zur Erklärung, Reduktion oder Bewältigung der Angst.
- ❏ Die Angstreaktionen führen zu einer massiven Beeinträchtigung des Lebens der Person. (2)

Diagnostische Kriterien sind im Folgenden zu nennen:

F40.0 Agoraphobie = Furcht vor oder Vermeidung von Menschenmengen, öffentlichen Plätzen, Reisen allein oder Reisen von Zuhause weg.

F40.1 Soziale Phobien = Furcht vor oder Vermeidung von sozialen Situationen, bei denen die Gefahr besteht, im Zentrum der Aufmerksamkeit zu stehen, Furcht, sich peinlich oder beschämend zu verhalten

F40.2 Spezifische (isolierte) Phobien = diese können nach bestimmten Objekten oder Situationen unterschieden werden:
- ❏ Tierphobien: zum Beispiel Angst vor Spinnen (Arachnophobie), Insekten, Hunden, Mäusen.
- ❏ Situative Phobien: Flugangst, Höhenangst, Tunnel, Aufzüge, Dunkelheit
- ❏ Natur-Phobien: zum Beispiel Donner, Wasser, Wald, Naturgewalten
- ❏ Anblick von Blut, Spritzen, Verletzungen

F40.8 Sonstige phobische Störungen

F40.9 Phobische Störung, nicht näher bezeichnet

F41.0 Panikstörung (episodisch paroxysmale Angst) = spontan auftretende Angstattacken, die nicht auf ein spezifisches Objekt oder eine spezifische Situation bezogen sind. Sie beginnen abrupt, erreichen innerhalb weniger Minuten einen Höhepunkt und dauern mindestens einige Minuten an.

F41.1 Generalisierte Angststörung = eine diffuse Angst mit Anspannung, Besorgnis und Befürchtungen über alltägliche Ereignisse und Probleme über einen Zeitraum von mindestens sechs Monaten, begleitet von weiteren psychischen und körperlichen Symptomen.

F41.2 Angst und depressive Störung, gemischt = Angst und Depression sind gleichzeitig vorhanden, eher leicht ausgeprägt ohne Überwiegen des einen oder anderen. (1)

Erfahrungen:

Erfahrung ist ein wesentlicher Bestandteil unseres Lebens, auf den wir uns konstant berufen.

Wir machen Erfahrungen auf verschiedenen Ebenen, der Erlebnisse, der Gesamtheit aller kognitiven Prozesse (Wahrnehmungen - Sinneseindrücke), der Auseinandersetzung mit der Umwelt, erworbenen Kenntnissen, sowie Fähig- und Fertigkeiten.

Das sammeln von Erfahrungen bedarf einigen Voraussetzungen wie:

❑ den Fähigkeiten einer Person
❑ der Gesundheit einer Person
❑ den äußeren Anregungen z.b. Umwelt, Schulen, Bibliothek....
❑ der Motivation einer Person z.b. Bereitschaft, Wille...

Die Erfahrung als solche ist ein Prozess, welcher durch einen Auslösereiz in Gang gebracht wird, dieser bezieht sich individuell auf die oben aufgeführten Bereiche.

Zum Beispiel:

Hat sich eine Person in einem Bereich qualifiziert, so prüft sie ihr Wissen auf den Realitätsgehalt indem sie dies in eine Handlung umsetzt,

10

woraus wiederum die Erfahrung Verwendung findet.

Auswirkungen von Erfahrungen:

Erfahrungen können unsere Handlungen beeinflussen,
müssen dies jedoch nicht zwangsläufig,
da sie nur den Teil unserer Vergangenheit reflektieren. Die
Struktur der Erfahrung basiert auf einem Vorgang, welcher
aus vielen einzelnen Bereichen in gegenseitiger
Wechselwirkung miteinander kooperiert. Neu erhaltene
Erfahrungen werden mit den bereits vorhandenen
verglichen und der heutigen Situation angepasst.
Die Erfahrung ist immer anfänglich nicht vertraut und
bedingt folglich Unsicherheit, da wir nicht erkennen
können, welche Erfahrung wir zusammentragen werden.
Erfahrungen prägen uns vielfach, da wir sie als primär
einschätzen und sie einer gewohnten Handlung unterlegen
sind, woraus wir uns nicht mit Neuem auseinander setzen
müssen.
Wir leben in einer Gegensätzlichkeit, in der nichts ist wie
es zu sein scheint.
Zum Beispiel: Machen wir aufgrund einer Aussage eine
negative Erfahrung, so würden wir aus dem primären
Erfahrungshintergrund heraus diese Aussage nicht wieder
tätigen.
Da jedoch die Aussage in einer anderen Situation eine
positive Erfahrung erzielen kann, sollten wir uns dieser
neuen Erfahrung nicht berauben.

Vermeidungsverhalten:

Vermeiden = es zu etwas meist Negativem nicht kommen
lassen ≈ umgehen.
Vermeidungsverhalten bezeichnet grundlegendes
Vermeiden bestimmter Situationen oder Handlungen, durch
welche Unannehmlichkeiten oder Gefährdungen für den

Körper, die Seele oder die soziale Stellung erwartet werden.

Auswirkungen von Vermeidungsverhalten:
Dieses Verhalten ist einerseits schützend, verhindert andererseits neue Erfahrungen und kann das Leben erheblich einschränken.
Vermeidungsverhalten setzt eine negative Erfahrung voraus und wird durch die Unsicherheit vor der Konfrontation eingesetzt. Gleichsam stellt eine solche Situation den wichtigsten Auslösereiz für das Vermeidungsverhalten dar und verursacht die Einleitung einer erneuten Auseinandersetzung. Hier steht wiederum die Entwicklung im Raum, die dieser Konstellationen einer Auseinandersetzung begünstigen würde. Eine gesunde Neugier bedingt unser Erkundungsverhalten, das wir zu unserer Entwicklung benötigen.
Kurt Lewin hat die Komponenten des Vermeidungsverhaltens (Appetenz Konfliktes) auf vier Entscheidungssituationen verallgemeinert:

❑ Annäherung- Vermeidungs- Konflikt
  Beispiel: Hab mich lieb aber umarme mich nicht!
❑ Annäherung - Annäherungs- Konflikt
  Beispiel: Im Labyrinth zwei Wege sehen und sich nicht entscheiden können, lieber stehen bleiben.
❑ Vermeidung- Vermeidungs- Konflikt
  Beispiel: Wahl zwischen geschmacklos und stillos.
❑ Doppelter Annäherung- Vermeidungs- Konflikt
  Beispiel: Spiel mit dem Feuer, wobei man sich verbrennen kann oder auch nicht.

Da wir Konsequenzen aus unserer Erfahrung ziehen und diese in der heutigen Situation eine wichtigere Funktion erfüllen, als die gleichen Konsequenzen auf lange Sicht (zukünftig gesehen), stellt die Selbstkontrolle eine schwierige Aufgabe dar. Hieraus stellen sich zwei Kontrollaufgaben:

- ❏ Der Vermeidung von unangenehm besetzten Situationen wie schulische Aufgaben und dem Arbeitsplatz, da dies hier auf Dauer zu noch größeren Problemen führen kann; wie der schlechte Schulabschluss und der Arbeitsplatzverlust.
- ❏ Sowie dem nachgeben lustbezogener Aktivitäten wie Essverhalten, Rauchen, Drogen oder auch gefahrenbezogene Aktivitäten wie auf dem Jahrmarkt der „freie Fall", da dies auf Dauer zu negativen Folgen für die Gesundheit führt.

Diese Kontrollaufgaben bedingen vieler rechtlicher Einschränkungen wie der Entscheidungsfreiheit in unserer Gesellschaft, der Schulpflicht, dem Jungendschutz und der Nachhaltigkeit des Wirtschaftens.

Abwehrmechanismen:
Abwehr = das Zurückschlagen eines Gegners oder eines feindlichen Angriffs ≈ Verteidigung Abwehrbereitschaft = ein Verhalten, mit dem man eine Person oder Sache, die man nicht mag, ablehnt oder abweist ≈ Ablehnung Abwehrmechanismen sind förderlich zur Verteidigung unserer Psyche und bilden einen Rahmen (Selbstschutz) zu unserer Umwelt. Diese sind abhängig von zwei Komponenten:
- ❏ der bewussten Selbststeuerung, in welcher der willentlichen Konfliktverarbeitung Parallelen gezogen werden (Coping)
- ❏ der unbewussten Steuerung, welche nach der Theorie von Freud aus unserem Ich kommt, um z.b. Triebimpulse in deplatzierten Situationen zu verdrängen.

Beispiel von Abwehrmechanismen nach Freud:

❏ *Affektualisierung:*
Eine Geschichte dramatisieren z.b. aus einer Mücke einen Elefanten zu machen.

❏ *Entwertung/Idealisierung:*
Bezeugtes wird unbewusst entwertet oder hochgesteigert, was sich sowohl auf Erlebtes als auch auf Personen beziehen kann z.b. bei nicht anerkennen „Das ist der Rede nicht wert."

❏ *Repression/Verdrängung:*
Anstößige Impulse, die Gefühle von Schuld, Scham oder geringem Selbstwert auslösen werden von unserem Ich und Über-Ich ignoriert z.b. Gefühle wie Schuld an etwas zu haben, oder sich beschämt fühlen oder sich wertlos zu fühlen, wollen wir nicht wahr haben, da diese in der Gesellschaft als untragbar definiert werden und immer etwas unerfreuliches darstellen.

❏ *Rationalisierung:*
Logisches Kopfdenken, um die Emotionen zu ignorieren oder zu unterdrücken, damit keine Auseinandersetzung mit den Emotionen ermöglicht wird, da diese als inadäquat angesehen werden.

❏ *Reaktionsbildung:*
Gefühle werden durch Gegensätze zum Stillstand gebracht, wie z.b. obwohl die Person unsicher ist eine Selbstsicherheit zu zeigen.

❏ *Regression:*
Eine Rückentwicklung auf eine frühere Entwicklungsstufe z.b. sich erneut wie ein Kind in einer ähnlich erlebten Situation erleben.

- ❏ *Projektion:*
  Eigene Inhalte oder Selbstanteile werden anderen Personen übertragen z.b. wenn eine Person einem Menschen, durch den schlechte Erfahrungen gemacht wurden ähnlich sieht, werden diese Inhalte auf die auslösende Person übertragen.
- ❏ *Intellektualisieren:*
  Durch Generalisierung emotionale Konflikte kontrollieren oder minimieren z.b. den Konflikt eines Klienten als den eigenen erkennen, diesen jedoch nicht bearbeiten.
- ❏ *Introjektion:*
  Verhalten oder Merkmale einer anderen Person, die Erfolg hat, werden in die eigene Persönlichkeit übernommen.
- ❏ *Verleugnung:*
  Absichtlich etwas verneinen, obwohl es gesagt oder getan wurde z.b. ein versprechen zu geben und nachher vorgeben sich nicht daran erinnern zu können.
- ❏ *Vermeidung:*
  Bestimmte Situationen oder Handlungen, durch welche Unannehmlichkeiten oder Gefährdungen für den Körper, die Seele oder die soziale Stellung erwartet werden z.b. das Gespräch mit dem Vorgesetzten wegen einer Gehaltserhöhung.
- ❏ *Verschiebung:*
  Impulse auf jemand anderen verschieben z.b. ein Angestellter welcher auf den Vorgesetzten wütend ist, wird diese Wut auf eine minder autoritäre Person verschieben.
- ❏ *Spaltung:*
  Einheitliches trennt sich in verschiedene Gruppen als Schutz vor noch nicht verarbeitungsfähigen Inhalten z.b. in organisatorischen Bereichen ein kooperieren noch nicht möglich ist.

- *Sublimierung:*
  (sexuelle) Triebenergie in geistige Leistungen umsetzen, da diese in der Gesellschaft höher bewertet werden z.b. trotz der Aufklärung über Sexualität in Öffentlichkeit nur über Leistungen zu kommunizieren.
- *Verneinung:*
  Die Zustimmung verweigern zu Anschauungen z.b. Anschauungen von einer Person, die nicht zu den eigenen passen, werden nicht in die eigene Sicht integriert.
- *Projektive Identifizierung:*
  Eigene Vorgänge werden hier auf eine andere Person übertragen, um diese so unbewusst zu beeinflussen, das eine Re-Inszenierung von Ereignissen stattfindet, was wiederum die Beziehung sehr belasten kann, wenn beide Parteien sich der Übertragung nicht bewusst sind z.b. zwei Personen sich um einen Arbeitsplatz bemühen.
- *Identifikation mit dem Aggressor:*
  Gefühlsmäßiges Sich gleichsetzen mit einer Gruppe, einem Individuum oder einer fiktiven Gestalt und die Übernahme ihrer Motive, dient der symbolischen Kontrolle bei gewaltsamen Übergriffen oder psychischer Grenzüberschreitungen, als auch deren Wiedererkennung z.b. bei einem Banküberfall kann die Person nicht entkommen oder Widerstand leisten. Hier wird sie durch die Identifizierung aus ihrer Machtlosigkeit heraus kommen und macht für sich den Täter einschätzbar.
- *Autoaggression:*
  Verhaltensweisen, bei denen sich der Mensch absichtlich Verletzungen oder Wunden zufügt, um durch Spannungs-, Wut- und Selbsthass-Abfuhr sich Erleichterung zu verschaffen, wobei dieses

Verhalten keinen suizidalen Aspekt hat z.b. Bei unerträglichen Spannungszuständen wird hier durch die Autoaggression eine Erleichterung verschafft, durch den schnell ein Ausgleich hergestellt werden kann.

❏ *Ungeschehenmachen:*
Etwas Unangenehmes, das geschehen ist, wieder rückgängig machen z.b. das eine Person plötzlich verstorben ist und der Angehörige dies nicht wahrhaben will und Rituale wie weiterhin den Tisch mit zu decken praktiziert.

❏ *Isolierung von Affekten:*
Impulsive Gefühlsbewegungen absondern oder verdrängen, um eine rationale Betrachtung dieser zu ermöglichen z.b. im therapeutischen Bereich wird dies häufig angewandt, um mit Aggression umgehen zu lernen.

Konditionierungen:

Konditionierung = das erlernen eines bestimmten Reiz-Reaktions-Musters, bei welchem auf einen bestimmten Reiz, welcher die Sinnesorgane eines Organismus erregt und der Außenwelt (Außenreize) oder dem eigenen Organismus (Innenreiz) entstammt und wiederum mit einer Reaktion auf diesen antwortet, wie z.b. Verhaltensformen auf bestimmte Umweltvorgänge der so genannten S-R-Theorie, welche die Grundlage aller behavioristischen Lern- und Verhaltenstheorien ist.

Man unterscheidet zwei Formen der Konditionierung:
1. Die klassische Konditionierung
Iwan Petrowitsch Pawlow (1849-1936) Professor für Pharmakologie und Physiologie wurde 1904 für seine Arbeiten über die Tätigkeit der Verdauungsdrüsen der Nobelpreis verliehen.

Entdeckte das Prinzip der Steuerung von ungelernten, unwillkürlichen und automatischen Reaktionen auf bestimmte innere oder äußere Reize zwischen Sinnesorgan, Zentralnervensystem und dem Erfolgsorgan, welche über vorgegebene Bahnen, über den Reflexbogen gesteuert wird und daher die Antwort fest liegt und nicht erst durch eine Entscheidung vom Gehirn gefunden werden muss der so genannten Reflexreaktion durch ursprünglich neutrale Außenreize. Wird ein neutraler Reiz mit einer angeborenen Reaktion verknüpft, erfolgt nach einer gewissen Zeit die bedingte Reaktion.

2. Die Operante Konditionierung

Burrhus Frederic Skinner (1904-1990) amerikanischer Psychologe ab 1937 Professor an der Universität of Minnesota, ab 1945-1948 Professor an der Indiana University und ab 1948 Professor an der Harvard University, wurde beeinflusst durch die Ideen Powlows und Watsons und gilt als wichtigster Vertreter der naturwissenschaftlich orientierten (neo-) behavioristischen Psychologie, kann die Motivation für ein auf die Umwelt einwirkendes Verhalten je nach Reaktion der Umwelt verstärkt bezeichnend für die erhöhte Motivation oder Handlungsbereitschaft, Erfolgserlebnisse zu wiederholen oder Misserfolgen auszuweichen oder abgeschwächt werden. 1930 führte Thorndike und Skinner eine Versuchsanordnung zur Untersuchung der Lernfähigkeit bei Tieren ein, bei der die Versuchstiere, welche zufällig den Öffnungsmechanismus ihres Problemkäfigs entdecken und dafür mit Futter belohnt was eine angenehme Empfindung - hier Befriedigung des Hungers auslöst und mit hoher Wahrscheinlichkeit in einer gleichen oder ähnlichen Situation dieselbe Handlung oder Reaktion ausgeführt werden, finden den Mechanismus in der Folge immer schneller. Wobei beim Menschen neben der Befriedigung von primären biologischen Bedürfnissen zu den belohnenden Verstärkern ebenfalls alle Arten der direkten oder indirekten positiven Zuwendung gehören. (3)

Auswirkungen der Konditionierungen:

Aus Pawlows Theorien folgt streng genommen, dass ein einmal gelernter Reflex niemals komplett gelöscht werden kann. Selbst von Pawlow wurde der Begriff der Löschung nie verwendet, er sprach vielmehr von Hemmung oder Abschwächung. Emotionale Reaktionen, welche auf einem Motiv oder einer Motivation begründet werden, sind sehr widerstandsfähig gegenüber einer Löschung. Bei der Reizgeneralisierung gilt, je ähnlicher Reize dem konditionierten Reiz sind, umso stärker ist die Reaktion auf diesen, da hier eine Form der Übertragung sich ereignet. Bei der Reizdifferenzierung ist der Handelnde in der Lage, zwei bedingte Reize voneinander zu unterscheiden, wodurch er in der Lage ist, einen Reiz zu löschen, während jedoch der andere bekräftigt wird. Dies kann erlernt werden und im positiven Sinn zu einer erheblichen Erleichterung führen. Dies sollte jedoch immer im Einverständnis oder nur selbstverantwortlich gegeben sein. Die negative Anwendung der Konditionierung ist menschenverachtend und unverantwortlich.

Glaubenssätze:

Gläubig = begrenzt produktiv, meist projiziert; mit zu großem Vertrauen in die genannte Sache, ohne vernünftige Kritik oder Zweifel; autoritätsgläubig, fortschrittsgläubig, obrigkeitsgläubig, wissenschaftsgläubig, zukunftsgläubig. Glaubenssätze welche im Grunde genommen nur Richtlinien sind, werden oft ohne sie zu überprüfen in die eigene Biographie übernommen.
Dies können unter anderem Sätze sein wie:

Ich bin dumm.
Ich kann das nicht.
Ich bringe es doch zu nichts.
Diese Sätze werden oft von Bezugspersonen verwendet und durch ständige Wiederholung gewissermaßen konditioniert. Jedoch ist diese Form der Konditionierung zu erneuern, indem diese Glaubenssätze hinterfragt werden. Ebenso wie man beigebracht bekommt einer autoritären Person glauben zu schenken, da diese in der Hierarchie als übergeordnet angesehen wird.

Hier kann durch einfache Fragestellungen eine Gegenüberstellung praktiziert werden, wie Fortschritt - bringt er wirklich den Durchbruch; Aufschwung; Erfolg?

Obrigkeit - sind sie wirklich eine Instanz höher?

Wissenschaft - schafft sie wirklich Wissen; Erkenntnis; Interesse; Neugier; Lernwille?

Das allseits beliebte Nein ist die erste Maßregelung, welche ein Kind erfährt und bedingt viele unserer Verhaltensweisen, wie z.b. das zusammenfahren, wenn uns etwas herunter gefallen ist, da wir hier den Glaubenssatz vorfinden, das darfst du nicht und ein inneres Nein reaktivieren.

Auswirkungen der Glaubenssätze:

Glaubenssätze greifen tief in unser Verhalten ein, indem sie unser Selbstwertgefühl und unser Selbstvertrauen sabotieren, oder unser Verhalten nachhaltig beeinflussen. Wir bilden durch die unkritische Übernahme dieser Anordnung Schlussfolgerungen, welche denen eines anderen entsprechen und verhindern somit unsere eigene Auseinandersetzung und die hieraus entstehende Weiterentwicklung.

Beispiele:

Glaubenssatz	mögliche Folgeerscheinung
Du kannst das nicht!	wenig Selbstvertrauen
Du wirst es nie zu etwas bringen!	blockiert die Entwicklung, Motivation, Lernbereitschaft
Ich erwarte mehr von dir!	zu hohe Selbsterwartung, Perfektionismus
Du lernst nicht richtig!	Lernbereitschaft geht zurück und kann bis zur Aufgabe führen
Das ist mir egal oder du bist mir egal!	Teilnahmslosigkeit
Du bist ein Streber!	Angleichung welche den Selbstwert beeinträchtigt oder Außenseiter
Du bist doch nur…!	Resignation
So lange du die Füße unter meinen Tisch…!	Indoktrination

Einleitung

2.2 Auswirkungen auf die einzelnen Entwicklungsbereiche

In den einzelnen Entwicklungsbereichen können Ängste, Erfahrungen, Vermeidungsverhalten, Abwehrmechanismen, Konditionierung, Glaubenssätze in allen dargestellten Formen enthalten sein und unsere Entwicklung blockieren.

<u>Persönliche Bereiche:</u>
Im persönlichen Bereich betrifft dies jeden einzelnen, aber auch Paare, Familien und jede zwischenmenschliche Beziehung. Durch die Angstsensitivität welche die Neigung einer Person dazu, vor eigenen Angstreaktionen (wie schnellem Herzschlag, Schweißausbrüchen, Panikanfällen, Kurzatmigkeit usw.) zu empfinden bezeichnet, kann es hier zur Fehlinterpretation kommen, vereinfacht ausgedrückt, dann zu der Angst vor der Angst (Reaktion). Auch interpretieren wir viel in unsere Partner, sodass wir bereits vor einer Auseinandersetzung davon ausgehen, eine bestimmte Reaktion zu erhalten und uns dieser erst gar nicht stellen, was unsere Beziehung nachhaltig beeinflusst. Und die erlernte Hilfslosigkeit kann in Alltagssituationen vorkommen, in denen kontinuierliches Versagen, welches auch durch die Umgebung initiiert sein kann, eine Person davon abhalten Erfolgserlebnisse zu erleben. Glaubenssätze beeinträchtigen unsere Beziehungen, da sie vielmehr als Maßregeln anzusehen sind und nicht als bindende Richtlinien zu betrachten. Würden wir dies tun, so würde es uns an unserer Individualität hindern und zu monogamen Verhaltensweisen führen.

Schulische Bereiche:

Ängste haben in diesem Bereich viel mit Gruppenzwang zu tun in dem sich Personen konform mit Gruppen verhalten, da sie bei anderen einen erwünschten Eindruck hinterlassen wollen. Viele Menschen fühlen sich unwohl oder unsicher, wenn sie andere Meinungen als die Gruppenmehrheit vertreten. Sie meinen, damit bei anderen Gruppenmitgliedern Antipathie und Abneigung hervorzurufen. Der normative Einfluss bedeutet also, dass Personen sich konform verhalten, um von anderen Menschen als sympathisch beurteilt zu werden. Erfahrungen sind mit ausschlaggebend für Verhaltensweisen z.b. schlechte Beziehungen welche hier zu verminderter Lernbereitschaft führen. Vermeidungsverhalten ist im schulischen Bereich vielfach vor zu finden z.b. „ich mische mich nicht ein, dann muss ich auch keine Verantwortung tragen." Abwehrmechanismen sind durch fehlgeleitete Motivation verursacht und führen zu Rückzug oder zu Verteidigung, wobei die Struktur zunächst der verschiedenen sozialen Rollen und Positionen (Status) in Hinblick auf die Verteilung von Macht, Kompetenz, Einfluss, Autorität oder anderer signifikanter Sozialressourcen aufschlussreich sind. Wie auch der Blick auf Unterwerfung oder Anpassung als spezifische Verhaltensweisen, aus denen sich möglicherweise eine Hierarchie oder eine andere spezifische Struktur ergibt. Ein weiterer wesentlicher Faktor ist das Innen-Außen-Verhältnis der Gruppe. Wie definiert sie sich nach innen als Gemeinschaft, z.b. über Inhalte, Gefühle, Rituale, Werte. Daraus folgt die Frage, wie sich die Gruppe überhaupt vom Umfeld, von anderen Gruppen (vgl. Fremdgruppe) oder der Gesellschaft, abgrenzt. Konditionierungen sind bereits durch das Umfeld prägend und werden indirekt weiter verstärkt oder abgeschwächt z.b. „du bist dumm", wird hier verstärkt, so führt dies zwangsläufig zur Resignation.

23

Glaubenssätze hindern oft an der Weiterentwicklung und blockieren vielfältig die Motivation und Lernbereitschaft z.b. „du schaffst das doch eh nicht."

Berufliche Bereiche:
Konflikte innerhalb derer sich die genannten Blockaden manifestieren können, sind heute in den beruflichen Bereichen fast überall präsent und blockieren unsere Entwicklung. Ich nehme hier die Konflikteskalation nach Friedrich Glasl als Modell und führe eine negative Entwicklung auf, welche jedoch in jeder einzelnen Stufe analysiert und behoben werden kann.
Spannung:
Konflikte beginnen mit Spannung z.b. durch gelegentliches aufeinander prallen von Meinungen und ist die Bewertung oder Beurteilung, welche aussagt, wie „ich" etwas sehe. Diese Situation ist alltäglich und wird nicht als Beginn eines Konfliktes wahrgenommen.
Wenn daraus doch ein Konflikt entsteht, werden die Meinungen fundamentaler.
Der Konflikt könnte tiefere Ursachen haben.
Debatte:
Ab hier überlegen sich die Konfliktpartner Strategien, um den Anderen von seinen Argumenten zu überzeugen. Meinungsverschiedenheiten führen zu einem Streit. Man will den Anderen unter Druck setzen, seine Sichtweise zu übernehmen.
Taten statt Worte:
Die Konfliktpartner erhöhen den Druck auf den Anderen, um sich oder seine Meinung durchzusetzen. Gespräche werden z.b. abgebrochen oder blockiert.
(Abwehrmechanismen) Es findet keine Kommunikation mehr statt und der Konflikt verschärft sich schneller.

Koalitionen:
Der Konflikt verschärft sich dadurch, dass man Sympathisanten für seine Sache sucht. Da man sich im Recht glaubt, kann man den Gegner denunzieren. Es geht nicht mehr um die Sache, sondern darum, den Konflikt zu gewinnen, damit der Gegner verliert.

Gesichtsverlust:
Der Gegner soll in seiner Identität vernichtet werden durch alle möglichen Unterstellungen oder ähnliches. Hier ist der Vertrauensbruch vollständig. Gesichtsverlust bedeutet in diesem Sinne Verlust der moralischen Glaubwürdigkeit.

Drohstrategien:
Mit Drohungen versuchen die Konfliktparteien, die Situation absolut zu kontrollieren. Sie soll die eigene Macht veranschaulichen. Man droht z.b. mit einer Forderung, die durch eine Sanktion verschärft und durch das Sanktionspotential untermauert wird.

Hier entscheiden die Proportionen über die Glaubwürdigkeit der Drohung. Typisches Beispiel ist hier die *Doppelbindung:*

> Kommunikation (ggf. auch implizit oder nonverbal zum Ausdruck gebracht):
> *"Mach was du gesagt bekommst, oder du kannst gehen"*
> Primäres negatives Gebot:
> *Oder du kannst gehen*
> Falls du gehst erfüllst du meine Erwartungen nicht bzw. wirst sanktioniert
> Sekundäres Gebot:
> *Mach was du gesagt bekommst*
> Falls du meine Handlungsaufforderung missachtest erfüllst du meine Erwartungen nicht bzw. wirst sanktioniert
> Tertiäres Gebot:
> Der Sender der Kommunikationsbotschaft verbietet Kritik an ihm/ihr, unterbindet

einen Verständigung- oder Einigungsversuch oder vereitelt eine Metakommunikation.

In einem bestehenden Abhängigkeitsverhältnis (z. B. Sorgerechts- bzw. Fürsorgepflichtsverhältnisse oder weisungsgebundene, abhängig beschäftigte Arbeitnehmer in Mobbingsituationen bei unzureichendem Ersatz-Arbeitsplatzangebot) erscheint ein Verlassen der Situation aus Sicht der Betroffenen nahezu unmöglich. (Konditionierung)

Begrenzte Vernichtung:
Hier soll dem Gegner mit allen Tricks empfindlich geschadet werden. Der Gegner wird nicht mehr als Mensch wahrgenommen. Ab hier wird ein begrenzter eigener Schaden schon als Gewinn angesehen, sollte der des Gegners größer sein.

Zersplitterung:
Der Gegner soll mit Vernichtungsaktionen zerstört werden. Was die Doppelbindung hier so gefährlich macht, ist der hohe Anpassungsdruck, welcher von der Autoritätsperson ausgeübt wird. Es wird nicht nur eine Anpassung an die vorherrschende Ideologie durch das denken und handeln erwartet, sondern auch die Überzeugung, diese Umwandlung sei freiwillig, was natürlich nicht den erlebten Erfahrungen entspricht. Ein Mensch, der einer solchen Situation ausgesetzt ist, muss durch einen schmalen Spalt einer enormen Abweichungsintoleranz hindurchgehen und kann es sich nicht leisten, seine ursprüngliche Identität aufrechtzuerhalten. Die Angst vor Bestrafung schafft die Bereitschaft, die bestehende Identität aufzugeben. Dieser ständige Prozess der Identitätsaufgabe, der immer wieder von neuem stattfindet, verhindert die Entstehung einer intakten Persönlichkeit oder er bewirkt die Dekonstruktion einer bereits bestehenden Persönlichkeit.

26

Gemeinsam in den Abgrund:
Ab hier kalkuliert man die eigene Vernichtung mit ein, um den Gegner zu besiegen.

Gesellschaftliche Bereiche:
In der Soziologie ist der soziale Wandel als Veränderung einer Gesellschaft über einen längeren Zeitraum und zwar in erster Linie die Veränderung der Sozialstruktur einschließlich der Bevölkerungsstruktur bezeichnet. Karl Marx hat Sozialen Wandel auf die Entwicklung der Produktivkräfte zurückgeführt. Die wichtigsten Produktivkräfte einer Gesellschaft sind gut ausgebildete und motivierte Menschen, die entsprechend ihrer Qualifikation und Fertigkeiten zweckmäßige Arbeit leisten und daraus ein leistungsförderndes, sozial ausgewogenes Arbeitseinkommen und soziale Anerkennung ziehen.
Durch die Produktivkraft der Arbeit
❏ erforschen, entdecken und entwickeln arbeitende Menschen
❏ Planen, steuern und organisieren arbeitende Menschen die Gewinnung, Verteilung und Nutzung
❏ Stellen arbeitende Menschen Arbeitsmittel her und produzieren damit Güter und Dienstleistungen
❏ Erziehen, lehren, schützen, heilen und pflegen arbeitende Menschen, womit sie die sozialen Grundlagen zur Erschließung und Entfaltung natürlicher, technischer, organisatorischer und geistig-wissenschaftlicher Ressourcen sicherstellen.

Blockaden in der Entwicklung sind in diesem Bereich vor zu finden:
Ängste werden hier bereits oft zu Existenzängsten ausgebildet, Erfahrungswerte werden verallgemeinert z.b. einmal schlecht; immer schlecht, Vermeidungsverhalten werden verstärkt durch die hieraus resultierende

Resignation z.b. ich habe doch eh nichts zu erwarten, Abwehrmechanismen werden weiter verstärkt z.b. ich lande doch eh im Harz 4 dann lerne ich auch nicht, Konditionierungen werden durch das Umfeld mitgegeben indem die Eltern auch keine Zukunft sehen, Glaubenssätze werden durch die Gesellschaft aufrechterhalten z.b. Hauptschüler haben in der heutigen Wirtschaft keine Chance.

In der Ausbildung:
Durch die Konkurrenz der einzelnen Bildungsträger geht es hier nicht mehr um die Bildung als solche, sondern um den Wettbewerb und der hieraus resultierenden Einnahmen. Auch die Klassifizierung der Bildung spielt in der heutigen Gesellschaft eine wesentliche Rolle. Dies ist hier auch im gesundheitlichen System vorzufinden z.b. der privaten oder kassenärztlichen Rechnungsträger.

Im Kompetenzbereich:
Durch die Klassifizierung führt dies zu Resignation welche maßgebend durch Zensuren gegeben sind, ohne der Prüfung der Fähigkeiten wodurch die individuelle Entwicklungsfähigkeit abgesprochen wird.

Im Ressourcenbereich:
Im heutigen schnellen Wandel ist es nützlich, sich über seine Ressourcen im klaren zu sein. Oft weiß der einzelne gar nicht, welche Möglichkeiten zur Verfügung stehen. Dies ist relevant sowohl für den einzelnen, als auch für die Unternehmens- und organisatorischen Bereiche.

Motivation:
Welche sich in der heutigen Gesellschaft eher in einer Resignation und Apathie = die Teilnahmslosigkeit, Abgestumpftheit, Gleichgültigkeit gegenüber äußeren Reizen, wie z.b. dem Wetter, Aktivitäten, gegenüber

anderen Menschen abzeichnet.

Sozial ausgewogenes Arbeitseinkommen:
Welches heute in gut oder schlechten Verdienst eingeteilt werden kann, wobei die Tendenz sinkend ist, da die Einnahmen des Einkommens sinken und die Ausgaben weiter steigen. Früher konnte ein Mann seine Familie unterhalten, heute muss die Frau sich beteiligen, woraus sich wiederum Beeinträchtigungen im Bereich der Erziehung entwickeln. Hier ist jedoch auch anzuführen, das die Nutzbarkeit der Medien eine wesentliche Rolle bei den Preiserhöhungen spielen. Zum Beispiel wird in den Nachrichten eine Treibstofferhöhung angekündigt, so ist es nachweisbar, dass diese ca. 2-3 Wochen anhält, bevor sie sich wieder entspannt. Ebenso wird die heutige Klimaerwärmung als Rechenschaft für Preiserhöhungen in der Landwirtschaft genutzt, es gab immer Hitzeperioden in den Sommermonaten.

Der sozialen Anerkennung:
Da in der heutigen Gesellschaft eine Schichtbildung in zwei Klassen der zugeschriebene Status, bei dem der Status nicht allein durch Leistung erworben wird, sondern bestimmte, mit dem Status der Eltern verbundene Kompetenzen, Symbole und Beziehungen an die Kinder weiter gegeben wird und der Position aufgrund von Alter und Geschlecht und der erworbene Status, der die Leistung und Fähigkeiten unabhängig von sozialer Herkunft bezeichnet zu sehen ist, welche maßgeblich durch Zensuren gehalten wird, ohne der Prüfung der Dispositionen und der individuellen Entwicklungsfähigkeiten.

Soziale Situation:

Auch die sozialen Schichten sind aus der Balance, da hier der ältere Teil höher ist, als der der jüngeren Generationen, was zu einem Generationskonflikt führt und auch zu einer erhöhten Bevölkerungsdichte, da sich die jüngeren Generationen mehr zusammenschließen müssen, um eine Entwicklung zu fördern. Doch dies hat auch biologische Grenzen, denn wenn eine Spezies zu dicht besiedelt ist, wird der Rückgang der Population deutlich, da sich durch den fehlenden Entwicklungsraum mehr und mehr Aggression zeigt und diese sich selbst schadet, was bis zur Vernichtung der Art führen kann.

Im Alter:

Ängste entstehen bei Senioren häufig durch das abgeschoben werden und nicht mehr gebraucht zu werden, häufig kommt dies bereits mit Eintritt in den Ruhestand zum tragen, da

der Senior seine Arbeit und somit sein soziales Umfeld verliert, da wir Menschen den größten Teil unserer Zeit am Arbeitsplatz verbringen und der hieraus resultierenden sozialen Umwelt.

Sie möchten in der Regel für die nachfolgende Generation positive Beiträge leisten, indem sie:

❏   Erfahrungswerte welche oft zu so genannten Faustformeln führen, die es auch weniger erfahrenen Personen ermöglichen, bis zu einem gewissen Grad und mit geringem Aufwand zu einer zufrieden stellenden Lösung zu kommen

❏   Rituale welche auf vorgefertigte Handlungsabläufe und bekannte Symbole zurückgreifen, vereinfachen die Bewältigung komplexer lebensweltlicher Aufgaben und vermittelt Halt und Orientierung, sie erleichtern Kommunikation, den Umgang mit der

Welt und das Treffen von Entscheidungen. Durch den gemeinschaftlichen Vollzug besitzen viele Rituale einheitsstiftenden und einbindenden Charakter und fördern den Gruppenzusammenhalt und die Verständigung im Allgemeinen.

❏ Normen welche einen Normalzustand oder Durchschnittswert oder eine als verbindlich anerkannte Regel oder Leitfaden oder durch gesellschaftliche Prozesse sich ergebender Regelfall, der allgemein anerkannt als gewöhnlich, allgemein üblich oder durchschnittlich gilt ergibt.

❏ Regeln welche in einer Form der Wiederholung in ähnlichen Situationen ihre Anwendung finden.

❏ Werte welche in der Regel an nachfolgende Generationen weiter gegeben werden als äußere Werte z.b. Geld, Gesetze; innere Werte z.b. Freundschaft, Liebe, Gerechtigkeit, Harmonie; persönliche Werte z.b. Treue, Vertrauenswürdigkeit, Taktgefühl um einige aufzuführen überliefern.

Vermeidungsverhalten findet hier aufgrund von Diskriminierung des Alters statt, was häufig als eine Besonderheit westlicher kapitalistischer Gesellschaften beschrieben wird, wobei hier nur zählt, wer seine Arbeitskraft noch verkaufen kann oder wenigstens als Konsument etwas zu bieten hat.
Die Vorstellung, dass ältere Menschen wertvolle Erfahrungen und Einsichten zu vermitteln hätten, ist weitgehend verschwunden, wobei das zunehmende Alter ein Resultat der menschlichen Entwicklung in nur einem Bereich ist.

Abwehrmechanismen greifen hier in die Entmündigung,
bei der es sich um eine gerichtliche Anordnung, nach
welcher der Betroffene seine Geschäftsfähigkeit einbüßt
und einen gesetzlichen Vertreter erhält und der Ehre welche
in etwa Achtungswürdigkeit einer Person bedeutet ein,
um eine Auseinandersetzung mit der heutigen
gesellschaftlichen Thematik zu verdrängen.
Konditionierungen greifen hier eher auf die Assimilation
bezeichnet in der Soziologie die Anpassung verschiedener
gesellschaftlicher Gruppen aneinander, da hier durch das
hohe Lebensalter gewisse normative Lebensweisen
eingetreten sind und das Gedächtnis eher auf das
Langzeitgedächtnis zurückgreift, als auf das
Kurzzeitgedächtnis, erschwert dies den älteren
Generationen den Umgang miteinander.

Einleitung

2.3   Zielsetzung

Da wir uns stetig durch Ängste, Erfahrungen,
Vermeidungen, Abwehrverhalten, Konditionierungen und
Glaubenssätze selbst blockieren, wobei die Angst ein
primärer Zustand zu allen Blockaden ist, möchte ich durch
meine Arbeit ersichtlich machen, wie einfach wir oft unsere
Weiterentwicklung gestalten können.
Wir alle beeinflussen uns durch unsere Gedankengänge,
nun werde ich einige Fragestellungen mit aktiv
veränderbaren Lösungen aufzeigen, damit ersichtlich wird,
wodurch wir uns fortwährend weiter entwickeln.
Im Allgemeinen ist in allen Blockaden Hemmung ein
anfänglicher Zustand, wenn wir uns vor eine neue Aufgabe
gestellt sehen, fühlen wir uns unsicher.
Hier sollten wir uns fragen, wie wir z.b. laufen gelernt
haben, war da nicht noch etwas anderes außer der Angst?
Seit jeher machen Menschen die Erfahrung, dass die
Erkundung von neuem oft mit Gefahr verbunden ist, aber
auch Chancen eröffnen. Ob die Vorsicht oder die Lust am
Entdecken überwiegt, hängt vom persönlichen Charakter
ab, doch spielt die jeweilige Situation ebenfalls eine Rolle.
So ist Angst nicht in jedem Fall ein dämpfender Faktor für
die Neugier, sondern sie kann auch beflügeln - etwa als
Suche nach dem Hochgefühl, einem gehobenen
Lebensgefühl größten Wohlbefindens, mit gesteigerter
Lebensfreude und verminderter Hemmung, durch welches
das Motiv einer Person durch entsprechende Anreize in
seinem inneren oder in der Umwelt angeregt wird. Das
Leistungsmotiv wird dann angeregt, wenn die Person die
Aussicht hat, sich mit einem Standard messen zu können.

Dies führt zu einer Motivation, den Anreiz aufzusuchen oder zu meiden, wobei motivierende Faktoren die Handlungsbereitschaft intensivieren und demotivierende Faktoren die Handlungsbereitschaft reduzieren. Aus unserer Handlungsbereitschaft setzen wir unser Verhalten um und lernen aufgrund unserer Erfahrungen, welche in unserm Gedächtnis haften bleiben, abrufbar sind und schließlich angewendet werden können. Dies bietet einen Teil unserer Sicherheit.

Und wie erlangen wir Sicherheit?

Um den Zustand von Sicherheit zu erreichen, werden Sicherheitskonzepte erstellt und umgesetzt, welche im allgemeinen eine Analyse möglicher Angriffs- und Schadenszenarien sind, mit dem Ziel, ein definiertes Schutzniveau zu erreichen. Sicherheitsmaßnahmen sind erfolgreich, wenn sie dazu führen, dass mit ihnen sowohl erwartete als nicht erwartete Beeinträchtigungen abgewehrt beziehungsweise hinreichend unwahrscheinlich gemacht werden, worauf das Problemlösen basiert. Dies setzt einen Prozess der aktiven Informationsaufnahme und Informationsverarbeitung z.b. eine Kombination von Erfahrungen und Überlegungen bei der Bewältigung, welche eine bewusste und willentlich eingesetzte Verhaltens- und Bewertungsstrategie, die bei der Auseinandersetzung mit Situationen angewandt wird, um aufkommende Angstreaktionen zu verhindern eines Problems voraus. Diese Sicherheit bietet die Grundlage zu Erkundungen, wenn wir uns sicher fühlen, können wir viel einfacher neues entdecken. Bei der Entscheidungsfindung wird solange nach Alternativen gesucht, bis eine möglichst gute (beste) Lösung für ein Problem gefunden wird und hierdurch meist eine Verbesserung eines Vorganges oder Zustandes bezüglich eines Gesichtspunktes wie zum Beispiel der Effizienz und Effektivität erreicht wird.

Einleitung

2.4 Problembeschreibung

Welche Probleme gibt es bei der Veränderung?
Um eine Auseinandersetzung zu aktivieren, bedarf es einer
gesunden Neugier, genügend Motivation und dem Wunsch
nach Veränderung der jetzigen Situation, welche
bezeichnend ist für den Prozess, der ablaufen muss, um von
dem heutigen Ausgangszustand zu einem gewünschten
Endzustand zu gelangen. Solche Prozesse finden dann statt,
wenn der Mensch die heutige Situation als unbefriedigend
erlebt, aber zunächst keine Mittel zur Verfügung hat, den
Ist-Zustand in einen befriedigenden Soll-Zustand zu
wandeln. Ein unterstützendes Motiv aktiviert die
Selbststeuerung und dient hier oft als Initiative, um sein
Ziel zu erreichen.
Welchen Problemen müssen wir uns stellen, um die
Zielsetzung erreichen zu können?
Um eine Zielsetzung erreichen zu können müssen
Handlungen erfolgen und verfolgt werden, welche
wiederum als Ziel formuliert werden können. Wenn diese
Ziele durch solche Mittel-Zweck-Beziehungen verbunden
werden, entsteht ein Zielsystem oder eine Zielhierarchie,
für die eine gleichgerichtete Bildung des Oberziels und des
untergeordneten Ziels Voraussetzung ist, sodass es zu
keinem Zielkonflikt, bei dem sich die Ziele gegenseitig
ausschließen, oder diese zueinander neutral werden kommt.
Die Bereitschaft etwas zu verändern entsteht erst, wenn der
Leidensdruck des befangenen Erlebens, den größten
Einfluss auf die Lebensqualität ausübt und somit die
wichtigste Triebfeder für Veränderungen darstellt und den
Betroffenen veranlasst, seine Kompetenzen zu erweitern,
welche in vier Bereiche unterteilt werden, der

Kommunikationsfähigkeit, der Kooperationsfähigkeit, der Konfliktfähigkeit, dem Einfühlungsvermögen und der emotionalen Intelligenz, um Unterstützung zu suchen oder anzunehmen.

Die Motive der Änderung werden hier in einer Zielhierarchie aufgestellt und durch sammeln der unterschiedlichen Lösungsstrategien, bei der eine Problem-Situation mehrere Lösungsmöglichkeiten hat, zu einer Ideensammlung zusammengeführt. Diese werden durch entsprechend nach beobachteten Situationen, auf ihrer Erfahrung beruhenden oder anders gelernten Lösungsstrategien bewertet und nach einem Weg gesucht, welcher adäquat die Situation löst.

Welche Beweggründe gibt es bei der aktiven Veränderung? Als erstes ist wesentlich, sich seiner Problematik zu stellen, welche durch eine Blockade aufrecht erhalten wird und uns von unserer Zielerreichung trennt, wenn diese Akzeptanz, welche ein zustimmendes Werturteil ausbildet und einen Gegensatz zur Ablehnung darstellt erreicht ist, wird hieraus die Wichtigkeit einer neuen Bewertung mit Hilfe der Entscheidungstheorie, bei der es um die Analyse des Entscheidungsfeldes, welches den Aktionsraum (Menge der möglichen Handlungsalternativen), den Zustandsraum (Menge der möglichen Umweltzustände) und eine Ergebnisfunktion, die jeder Kombination von Aktion und Zustand einen Wert zuordnet geht, wobei hier durch die neue Erfahrung der Zustandsraum (mögliche Umweltzustände) von einer Unsicherheit in eine Sicherheit umgesetzt wird. Würden wir uns neuen Situationen nicht stellen, würde eine Entwicklung unmöglich sein.

Was müssen wir abwägen bei der Veränderung?

Contra	Pro
An gewohntem (Sicherem) festhalten	Neues entdecken
Kein Gewinn	Dazu gewinnen; Kompetenzen …
Nach alten Verhaltensmustern leben	Erfahrungserweiterung
Unsicherheit	Selbstsicherheit
Unselbstständig	Selbstbewusstsein
Keine Weiterentwicklung	Weiterentwicklung

Hauptteil

3.1 Möglichkeit der aktiven Veränderung mit Darstellung der einzelnen Entwicklungsbereiche

Veränderung kann nur dort stattfinden, wo sich jemand bereit erklärt dies zu tun. Veränderung hat auch mit Verantwortung und der Bereitschaft, die Konsequenzen seines Handelns zu tragen zu tun, denn hier wird der Fokus der Verantwortung auf sich selbst bezogen und überträgt sich hieraus auf vielfältige Bereiche, wie z.b. der Umgebung. (Siehe auch Modelllernen) Da aber auch die Veränderung in einer Einheit von einander ausschließenden Gegensätzen besteht, stellt sich die eigentliche Veränderung erst ein, wenn das Ziel festgelegt ist und sich einer klaren Struktur unterzieht. Veränderungen können klassifiziert werden, unter anderem als:

- ❏ Wesentlich / unwesentlich
- ❏ Strukturell / funktionell
- ❏ Formal / inhaltlich
- ❏ Räumlich / zeitlich
- ❏ Reversibel / irreversibel
- ❏ Quantitativ / qualitativ
- ❏ Notwendig / freiwillig
- ❏ Zwangsläufig oder naturgegeben / zufällig
- ❏ Geplant / ungeplant
- ❏ Prognostizierbar / nicht Prognostizierbar / unvorhersehbar

Möglichkeit der aktiven Veränderung bei Angst:
Da die Angst eine relativ einfache Empfindung ist, bei der
es zwei Gelegenheiten einer Reaktion gibt, besteht hier die
Chance der aktiven Veränderung, sich Selbst zu
hinterfragen, welches Verhalten mich in der jeweiligen
Situation weiter bringen könnte und darauf resultierend
diese ein zu leiten. Zum Beispiel die Angst vor Blitzen,
hier kann man ein natürliches Schauspiel auskundschaften,
wie sich diese Energie aufbaut und frei wird.

Möglichkeit der aktiven Veränderung bei Erfahrungen:
Erfahrung ist eine Episode, auf die wir uns berufen können,
um uns hieraus auf ein gewohntes Vorgehen zu beziehen.
Die Chance der aktiven Veränderung besteht hier, indem
wir diese Erfahrungen als Grundstock verstehen, auf den
aufbauend gelernt werden kann. Zum Beispiel ziehen wir
uns im Sommer einen starken Sonnenbrand zu, so würden
wir aufgrund unserer gewohnten Erfahrung die Sonne
meiden, doch wenn wir diese Erfahrung als Grundstock
sehen, lernen wir uns nicht zu lang einer intensiven
Sonnenbestrahlung aus zu setzen, aber die Sonne dennoch
genießen zu können.

**Möglichkeit der aktiven Veränderung bei
Vermeidungsverhalten:**
Durch das Vermeidungsverhalten blockieren wir uns neue
Erfahrungen zu sammeln und schränken unser Leben ein.
Die Chance der aktiven Veränderung liegt hier in der
bewussten Konfrontation mit dem eigenen Verhalten,
warum verhalten wir uns in dieser Situation so und warum
ändern wir es nicht, um neues zu erfahren? Zum Beispiel:
Wenn ein Schüler sich immer meldet, wird jedoch vom
Lehrer nicht aufgerufen, so ist der Schüler geneigt, sich
nicht mehr zu melden, statt den Lehrer nach dem Grund für

sein Verhalten zu fragen.

Möglichkeit der aktiven Veränderung bei Abwehrmechanismen:

Abwehrmechanismen stellen eine Abgrenzung zu unserer Umwelt dar, um unsere Psyche ab zu schirmen, damit sie sich nicht möglichen Einwirkungen aussetzen muss. Die Chance der aktiven Veränderung besteht hier in der Erweiterung der Abgrenzung, da wir uns hierdurch auch ein Stück ausgrenzen.

Ich möchte hier auch die Möglichkeiten der aktiven Veränderungen bei den genannten Abwehrmechanismen nach Freud aufzeigen:

Affektualisierung:
Muss eine Geschichte erst abenteuerlich realistisch erzählt werden, um gehört zu werden? Was fasziniert uns am dramatischen?
Entwertung/Idealisierung:
Es gibt einen Reichtum an Werten, wie die Vielfalt an Persönlichkeiten, jeder kann hier immer nur dazu lernen. Ein Ideal kann einem Menschen als Leitgedanke dienen, doch das höchste Ziel sollte sein Ziel sein.
Repression/Verdrängung:
Das Gefühl an etwas schuld zu sein, kann sich nur lösen, indem man sich der Situation stellt. Auch sich beschämt zu fühlen wird sich erst durch Klärung lösen. Wenn man sich wertlos fühlt, finde heraus was du gut kannst und definiere deinen Wert. Doch warum sind all diese Gefühle, welche jeder von uns kennt, in der Gesellschaft als untragbar eingestuft?
Rationalisierung:
Emotionen machen einen Menschen erst zu einer unübertragbaren Person, ohne sie käme ein Mensch einer Maschine gleich, warum gelten sie als deplaciert?

Reaktionsbildung:
Wenn uns ein Gefühl als fraglich erscheint und wir denken, andere würden es nicht tolerieren, so sind wir geneigt dies als Gegenteil dar zu stellen, da wir davon ausgehen, dies würde anerkannt werden. Haben wir es je versucht, uns diesem Gefühl zu stellen?

Regression:
Wir alle können von unseren Kindern lernen, die Neugier, Fantasie und viele Fragen an diese Welt haben. Wir alle befinden uns von Zeit zu Zeit in diesem Kind und erneuen die Neugier, Fantasie und Fragen an diese Welt.

Projektion:
Wird oft vorgefunden bei werdenden Eltern, welche einen Namen für ihr Kind suchen, wenn diese z.B. Eva benennen und die Mutter sagt, nein, wir haben eine Eva in der Nachbarschaft und das Kind ist unmöglich. Würde dies heißen, dass ihr Kind zwangsläufig mit dem Namen unmöglich wird würde?

Intellektualisieren:
Emotionen werden rein verstandesmäßig betrachtet, da diese nicht freigegeben werden dürfen. Ein Mensch der ständig gesagt bekommt, das darfst du nicht sagen, wird sich in einer Zwangslage befinden und seine Gefühle zwar zeigen können, doch wie soll er sie Ausdrücken, wenn er nichts sagen darf?

Introjektion:
Verhalten oder Merkmale, welche Erfolge bringen können wir auch erlernen. Auf längere Sicht stehen uns diese immer zur Verfügung.

Verleugnung:
Wenn wir etwas versprechen, warum geraten wir ins Wanken, wenn es schwierig wird?

Vermeidung:
Warum vermeiden wir das Gespräch um eine
Gehaltserhöhung? Ist der Vorgesetzte nicht auch ein
Mensch?
Verschiebung:
Impulse, welche in der gesellschaftlichen Ebene als
unkultiviert gelten, können jedoch durch erlernen von
kommunikativen Kompetenzen dennoch elegant
vorgebracht werden.
Spaltung:
Gruppen können viele bestehen, jedoch ist die Kooperation
zwischen den einzelnen Gruppen die wichtigste Kondition
um eine Einheit zu bilden, wodurch auch die Verarbeitung
gesichert wird.
Sublimierung:
Leistungen werden in der heutigen Gesellschaft höher
bewertet, als Emotionen oder auch die Sexualität. Warum
werden Kinderreiche Familien im Gegensatz zu früher
heute als gemeinschaftsfremd angesehen?
Verneinung:
Bei Anschauungen lohnt es sich immer hin zu hören und
diese zu überdenken, da diese auch immer eine Perspektive
darbieten.
Projektive Identifizierung:
Wir wiederholen oft Inhalte, die wir nicht einfach
verarbeiten können, indem wir diese auf nahe Personen
übertragen, um uns deren bewusst zu werden, was die
Beziehung sehr belasten kann.
Hier können wir von Kindern lernen, da sie diese Inhalte
im Spiel auf z.b. Puppen übertragen und somit oft kreative
Lösungsansätze finden, ohne ihre Beziehungen zu
belasten.

Identifikation mit dem Aggressor:
Bei der Identifikation setzt man sich mit dem Aggressor gleich, man nimmt so zu sagen seine Identität in seine eigene auf. Mit dem einüben von Empathie erreicht man hier sich zwar in den Aggressor hinein zu versetzen, bleibt jedoch in seiner eigenen Identität.

Autoaggression:
Absichtliche Verletzungen sind hier gegeben, um sich schnell aus unerträglichen Spannungszuständen zu befreien. Die gleiche schnelle Entspannung kann hier auch durch ähnlich aber nicht verletzende Maßnahmen erreicht werden, wie z.b. auf den Finger beißen, oder einen Massageball ganz fest in die Hand drücken.

Ungeschehenmachen:
Manchmal muss etwas losgelassen werden um das Unangenehme verarbeiten zu können. Hier sind Rituale gut oder auch Bilder die gut tun. (Erinnerungen)

Isolierung von Affekten:
Gefühlsbewegungen werden hier aus einem Sicherheitsabstand betrachtet, um sich ihnen erneut annähern zu können.

Möglichkeit der aktiven Veränderung bei Konditionierungen:

Da bei der Konditionierung eine emotionale Reaktion ausgelöst und mit einer primär belohnenden Verstärkung in indirekter oder direkter Zuwendung und einem scheinbar neutralen Auslösereiz verbunden wird, besteht hier die Möglichkeit der aktiven Veränderung indem der Affekt isoliert wird und somit aus der Distanz die Auslösende Situation betrachtet werden kann um sich mit dem konditionierten Reiz zu befassen und hierdurch neue

Lösungen zu finden, indem ein ursprüngliches emotionales Reizmuster eingesetzt wird. Jedoch kann dies nur erfolgen, wenn alle auslösenden Komponenten bekannt sind, da es sonst wie bei psychosomatischen Prozessen zu einer Symptomverschiebung kommt. Es besteht noch ein Hindernis bei der Reizgeneralisierung, da diese von der Wahrnehmung abhängig ist und auf Bereiche der Tiefenwahrnehmung nicht anspricht, während sie jedoch auf optische Reize Einfluss erhält. Beispiel: Bei Farben werden diese in unserem Gedächtnis abgerufen, so bleiben sie als inneres Bild immer nur einen Bruchteil bestehen, hier besteht die Möglichkeit diese in ein Bild zu projizieren, um es als Affekt isolieren zu können. Die Reizdifferenzierung wäre somit erfolgreicher, wenn diese zuletzt erfolgen würde, nach dem einsetzen des ursprünglichen emotionalen Reizmusters, um den letzten Auslösereiz zu lösen.

Möglichkeit der aktiven Veränderung bei Glaubenssätzen:

Glaubenssätze sind tief mit unserer Erziehung verbunden und beeinflussen unser Verhalten nachhaltig, da wir diese unüberlegt einhalten. Möglichkeit der aktiven Veränderung ist hier diese auch aktiv zu hinterfragen, indem die eigene Handlung bewusst kritisch betrachtet wird und diese nach dem hinterlegen Glaubenssatz befragt werden kann, z.b. sich immer zu bemühen und dennoch das Gefühl zu haben, es geht nie voran, hier können Sätze wie: "Das schaffst du nicht oder du bringst es doch eh nie zu was!" stehen. Wenn der blockierende Satz einmal identifiziert ist, kann dieser aktiv verändert werden.

Möglichkeit der aktiven Veränderung im persönlichen Bereich:

Außer der bereits genannten möglichen Veränderungen gibt es in Beziehungen oft das interpretieren der Partner, hier besteht die mögliche aktive Veränderung, indem viele Gespräche geführt werden, um die eigenen Inhalte, als auch die des Partners vermitteln zu können und somit Missverständnissen vor zu beugen. Fortwährende Misserfolge können zu einer so genannten erlernten Hilflosigkeit führen, hier besteht die Möglichkeit der aktiven Veränderung, indem kleine Inseln zunächst leicht erreichbare, später schwierigere geschaffen werden, um das Erfolgserlebnis wieder zu erleben und sich weiter entwickeln zu können.

Möglichkeit der aktiven Veränderung im Schulischen Bereich:

Gerade im schulischen Bereich ist es wichtig, die individuelle Art eines jeden Menschen zu verstehen, bei dem Gruppenzwang besteht hier die Möglichkeit der aktiven Veränderung, das jeder für sich begreift, das es gut ist, das jeder Mensch anders ist und das sich durch verschiedene Meinungen nicht unbedingt etwas an der Gruppe als ganzes ändert, sondern es mitunter auch ein positiver Beitrag zur Gruppe sein kann. Würde man sich immer dem anderen anpassen, würde nie die eigentliche Person sichtbar und man hätte nie die Sicherheit zu wissen, wie eine Person ist. Hieraus wird auch der Respekt dem anderen gegenüber sichtbar und die Verantwortlichkeit, welche jeder einzelne einer Gruppe trägt. Ebenso ist in der aktiven Veränderung die Möglichkeit zur Erlangung von Schlüsselqualifikationen gegeben.

45

Möglichkeit der aktiven Veränderung im Beruflichen Bereich:

Nach dem bereits beschriebenen Modell von Friedrich Glasl gibt es Möglichkeiten der aktiven Veränderungen, indem die Meinungen anderer als Anreize gesehen werden und nicht als fundamentaler Ansatz, um gemeinsam eine gut durchdachte Lösung beider Parteien zu finden. Erwartungshaltungen in bezug auf Anpassung an eine Ideologie sollten gut durchdacht und argumentiert werden, um diese offen darstellbar zu machen, da die objektive Darstellung immer dann vorliegt, wenn die zu bewertenden Parameter, deren Wertebereiche und Grenzwerte sich vollständig und eindeutig beschreiben lassen. Ist dies nicht möglich, so wird die Bewertung mehr oder weniger intuitiv (basierend auf Weltwissen, Lebenserfahrungen, persönlichen Beziehungen und Neigungen) durchgeführt werden. Veränderungen in konventionell geführten Organisationen werden gewöhnlich zu spät vorgenommen, was Ertrags- und Energieverlust zur Folge hat. In der Möglichkeit der aktiven Veränderung lehne ich mich an die Delphinstrategie von Dudley Lynch und Paul Kordis an, wonach das Symbolbild des Delphins auf eine Gemeinschaft hinweist, in der sowohl jedes einzelne Mitglied seine Individualität behält, als auch gleichzeitig seine Fähigkeit als Teil eines Ganzen optimal einsetzt. Dies ist wiederum auf das vorhandene oder das Erlangen folgender Kompetenzen aufgebaut:

Flexibilität: Lösungen suchen, sich dabei ständig hinterfragen.

Konfliktfähigkeit: Dissoziation und das Einnehmen von Meta Positionen bei der Strategieentwicklung.

Ausdauer: Delphine geben nicht leicht auf, es sei denn, sie erkennen einen Nutzen darin.

Einfühlungsvermögen: Delphine haben Freude daran zu gewinnen. Ihr Gehirn ist zu emotionalen Empfindungen fähig. Manager, die entsprechend handeln, haben nicht das Bedürfnis, dass ein anderer verliert. (Siehe Win-Win) Kooperationsfähigkeit: Delphine arbeiten mit anderen zusammen, aber handeln auch allein auf kompetente Weise. Kooperieren bringt in der Summe mehr als Konkurrenz oder die unabhängige Suche nach privaten Vorteilen.

Kreativität: Visionen zum eigenen Weg, zum Teamziel oder in der Firma schaffen erst Identifikation mit einem Ziel.

Engagement: Delphine lieben präzise, saubere und vor allem einfache - eben elegante Lösungen. Elegante Verhandlungsführungen heißt beispielsweise, dass die Lösung für beide Parteien langfristig zur Zufriedenheit führen und Sinn ergeben muss.

Möglichkeit der aktiven Veränderung im Gesellschaftlichen Bereich:

Ressourcenstärkung dient zur Überwindung von Problemen, Schwellenängsten, Blockaden oder Störungen. Ressourcen sind materielle und immaterielle Güter und Werte, die einzelne Personen, aber auch Unternehmen, Teams, Arbeitsgruppen und komplexe Systeme zur Handlung befähigen. Möglichkeit der aktiven Veränderung ist die Orientierung praktischen Handelns an Ressourcen wie Kraft und Energiequellen, Lösungskompetenzen, Lösungswegen, welche im Gegensatz zur Orientierung an Defiziten das Aufdecken und Aktivieren von Stärken zur Erreichbarkeit der Ziele vornimmt. Durch Reframing werden Erfahrungen, Handlungen, Hindernisse, Fehler oder Mängel so umgedeutet, dass sie als Stärken aktiv genutzt werden können.

Beim systemischen Arbeiten spielt die Ressourcenorientierung bei Prozessbegleitungen, Coachen, Supervisionen, Organisation und Personalentwicklungen, Beratungen und Therapien eine bedeutende Rolle. In der Ausbildung besteht die Möglichkeit der aktiven Veränderung indem die individuelle Entwicklungsfähigkeit gefördert wird durch netzübergreifende Weiterbildungsmöglichkeiten, statt starre Formen der Aus und Weiterbildung und der hieraus resultierenden Konkurrenz zu begünstigen. Aufklärung im Bereich der Aus und Weiterbildungsmöglichkeiten würde jedem Menschen helfen, sich nach seiner Veranlagung und der daraus entwicklungsfähigen Begabungen zu entwickeln, denn es besteht immer die Möglichkeit der Bildung und Weiterbildung. Durch den Ursprung seiner Fähigkeiten, wird ein Mensch seinen Lebensweg so gestalten, dass er letztendlich nur eine in sich fördernde Bildung anstrebt.

Im Kompetenzbereich besteht die Möglichkeit der aktiven Veränderung durch entsprechende Weiterbildungen die Schlüsselqualifikationen zu erwerben, welche sich wie folgt definieren:

Sozialkompetenz
Kenntnisse, Fertigkeiten und Fähigkeiten, die dazu befähigen, in den Beziehungen zu Menschen situationsadäquat zu handeln:
Kommunikationsfähigkeit
Kooperationsfähigkeit
Konfliktfähigkeit
Einfühlungsvermögen
Emotionale Intelligenz

Methodenkompetenz
Kenntnisse, Fertig- und Fähigkeiten, die es ermöglichen, Aufgaben und Probleme zu bewältigen, indem die

Auswahl, Planung und Umsetzung sinnvoller Lösungsstrategien ermöglichen:
Analysefähigkeit
Kreativität
Lernbereitschaft
Denken in Zusammenhängen
Abstraktes und vernetztes Denken
Rhetorik

Selbstkompetenz/Personenkompetenz
Fähigkeiten und Einstellungen, in denen sich die individuelle Haltung zur Welt und insbesondere zur Arbeit ausdrückt. Persönlichkeitseigenschaften, die nicht nur im Arbeitsprozess Bedeutung haben:
Leistungsbereitschaft
Engagement
Flexibilität
Kreativität
Ausdauer
Zuverlässigkeit
Selbstständigkeit

Handlungskompetenz
Die Schnittmenge dieser 3 Kompetenzbereiche ist die individuelle Handlungskompetenz einer Person. Kompetenz bedeutet in diesem Zusammenhang, die Befähigung eines Menschen, sich situativ angemessen zu verhalten, selbstverantwortlich Probleme zu lösen, bestimmte Leistungen zu erbringen und mit anderen Menschen angemessen umzugehen, auf der Basis eines erfolgreichen Lernprozesses.

Kompetenz ist immer individuell und wird durch den Erwerb und auf die eigenen Werte und Ziele bezogene Reflexion einzelner, sich gegenseitig beeinflussender Fähigkeiten erworben.

Das kognitive Regelsystem, mit den Handlungen generiert werden können.

Die Disposition zum Erwerb aller Fähigkeiten.

Stabile, universell angelegte und empirisch nicht wahrnehmbare Tiefenstruktur. (2)

Um dennoch einer Klassifizierung keinen Nachschub zu leisten ist es wichtig diese Weiterbildungen in zertifizierter Form ab zu schließen.

Im Ressourcen Bereich ist eine Möglichkeit außer der oben bereits benannten aktiven Veränderung die Unterteilung einer wenig spezialisierten Art bei Herausbildung spezifischer Anpassungen an die vorhandenen Umweltverhältnisse in viele stärker spezialisierte Arten und damit verbunden die Nutzbarmachung unterschiedlicher vorher nicht besetzter ökologischer Räumlichkeiten.

Analoge Betrachtungen helfen dort Strategien zu entwickeln, die das Überleben zunächst konkurrierender Unternehmen sichern können.

Motivation:
Möglichkeit der aktiven Veränderung in der Motivation besteht, wenn es verstanden wird die natürliche Neugierde zu wecken, indem hier Wege angedeutet oder auf Zusammenhänge hingewiesen werden. Hieraus wird das explorative Verhalten aktiviert, wonach Bereiche aufgesucht werden, mit denen der Mensch nicht vertraut ist, um sich in diesen problemlösend zu behaupten zu suchen. Jede auf diese Weise gewonne Erfahrung wird zu einem abstrakten Muster verarbeitet.

Je mehr Erfahrungen, desto mehr Muster, desto breiter die kognitive Landkarte. Eine breite kognitive Landkarte sichert Kontrolle über mehr Bereiche, sie ermöglicht eine schnellere Verarbeitung neuer Eindrücke und schützt vor emotionalen Einbrüchen. Sie sichert, dass neue Situationen erfolgreich bewältigt werden. Das Gefühl der Kontrolle festigt sich, das Selbstbewusstsein wächst und dadurch die Bereitschaft, unbekannte Bereiche anzugehen, also sich erneut explorativ zu verhalten. Ein derart erlangtes Wissen wird als interessanter empfunden und wegen emotional positiver Verknüpfung viel besser im Gehirn verankert.

Sozial ausgewogenes Arbeitseinkommen:
Die Arbeitskraft, welche von Lohnarbeitern verkauft wird, ist nach Marx Theorie die einzige Ware, deren Gebrauchswert darin besteht, mehr Wert zu bilden, als sie selbst besitzt. Ihr Wert wird durch die zur Produktion benötigte Arbeitszeit bestimmt, was heißt, das die Arbeitskraft den Wert aller Waren, welche dieser zur Arbeit benötigt, um sich und seinen Nachwuchs zu reproduzieren bestimmt. Da der Arbeiter für den Unternehmer seine Arbeitskraft gegen Entgelt zur Verfügung stellt, hat der Arbeiter keine oder nur eine geringe Chance auf Eigenerwerb, da ihr Lohn gewöhnlich nur zur Reproduktion ihrer Arbeitskraft ausreicht.
Der Arbeitsalltag der Arbeiter zerfällt in zwei Teile: der notwendigen Arbeit und der Mehrarbeit, innerhalb derer er für den Unternehmer arbeitet. Die Unternehmer suchen im Klassenkampf beständig nach Mitteln und Wegen, um den unbezahlten Teil des Arbeitstages gegenüber dem bezahlten zu vergrößern. Hierfür gibt es zwei Möglichkeiten:

Der Steigerung der absoluten Mehrwertproduktion durch Verlängerung des Arbeitstages. Oder durch die Steigerung der relativen Mehrproduktion, indem die Mehrarbeit des Arbeitstages ausgedehnt wird. Die Möglichkeit der aktiven Veränderung besteht hier, indem der Unternehmer sich seiner Verantwortung bewusst ist und der Produktivkraft seiner Mitarbeiter, ohne welche er nicht in der Lage wäre, das Produkt zu fertigen. Jeder Tätige hat ein Recht auf den Wert der Entlohnung seiner Produktivkraft, sodass ein sozial ausgewogenes Arbeitseinkommen bestand hat. Hieraus wäre die Nutzbarkeit der Medien auf günstigere Prozesse gegeben.

Soziale Anerkennung:
Als Möglichkeit der aktiven Veränderung besteht hier das bei der Überbewertung und der Unterbewertung oft auch der soziale Status eine eigene Rolle spielt, hier könnte zum Beispiel ein Eignungstest maßgeblich sein, bei dem die erworbene Leistung unabhängig von sozialer Herkunft ermittelt wird. Auch sollte hier das Alter der vorangegangenen Zensuren berücksichtigt werden, denn die heutige Zeit ist mit einer zehn Jahren zurückliegenden nicht vergleichbar. Nur durch die Überprüfung der Dispositionen und der individuellen Entwicklungsfähigkeit ist eine gerechte soziale Anerkennung möglich.

Soziale Situation:
Durch Sozialisation, innerhalb derer ein Kind sowohl Werte, Normen usw. vermittelt bekommt, als auch durch den Schutz der Umwelt eine gesunde Identität entwickeln kann, wird dieses im Laufe der Entwicklung Kompetenzen erwerben, durch welche eine geeignete Anpassung an die Umwelt gewährleistet ist.

Möglichkeit der aktiven Veränderung im Alter:

Durch Integration, was in der Soziologie die Wiederherstellung eines ganzen durch Prozesse, die das Verhalten und Bewusstsein nachhaltig verändern bedeutet, wird es älteren Generationen ermöglicht, eine kombinatorische Schaffung eines neuen Ganzen unter Einbringung der Werte, Rituale, Normen, Regeln und Erfahrungswerte dieser in die neue Gesellschaft, bei Erhalt der eigenen Identität, wobei es sich nicht um eine reine Assimilation handelt. Dies kann zum Beispiel durch Einbringung in Kindergärten und Schulen erfolgen, indem die älteren Menschen hier Geschichten erzählen können um hierdurch die Werte, Regeln usw. zu vermitteln. Hierdurch wird auch der kommenden Generation deutlich, dass sie mit zunehmendem Alter auch Perspektiven haben. Auch die Achtungswürdigkeit einer Person wird durch die Integration gestärkt und es wird zu weniger Entmündigungen kommen, da die älteren Generationen positive Beiträge leisten. Somit wäre eine Anpassung gelungen.

Hauptteil

3.2 Struktur der Auseinandersetzung Pro und Contra / was gewinnen wir? Mit Entwicklungsbereichen

Blockaden:

Contra	Pro	Gewinn
Angst ist ein Prozess, der uns innehalten, ausharren, zögern, abwarten, stillstehen, stocken, nicht vorankommen und manchmal auch etwas zurück gehen, zurück schrecken lässt.	Und gleichwohl ist die Angst auch ein Prozess, welcher uns einstellen, offen lässt, ruhen, unterstützen, um auf diese Weise einen Schritt weiter zu gehen, um weiter zu kommen und den Mut zum Erfolg zu erleben.	Sicherheit, Selbstsicherheit, Selbstbewusstsein, Selbstvertrauen, Selbstwertgefühl Eigenständigkeit, Selbstständigkeit Unabhängigkeit.

Contra	Pro	Gewinn
Erfahrungen lassen uns auf bereits gewisse Ergebnisse zurückgreifen, diese können jedoch auch auf negativer Basis bestehen, indem sie behindern, bremsen, stoppen, hemmen, lähmen und uns im Weg stehen.	Erfahrungen welche auf positiver Basis erworben wurden bringen uns voran, aktivieren, animieren, ermutigen, motivieren, inspirieren und ebnen uns neue Möglichkeiten.	Neue Erfahrungswerte, Erlebnisse, Ergebnisse, Kenntnisse, Verständnis, Gewissheit, Sicherheit.

Contra	Pro	Gewinn
Durch Abwehr gehen wir in die Verteidigung, reagieren ablehnend, abweisend, kritisch, negativ, abgeneigt, unfreundlich, distanziert, reserviert, anspruchsvoll und widerwillig.	Diese Abgrenzung können wir jedoch erweitern, verschieben, ausbauen, um hieraus offen, freundlich, positiv, interessiert, entgegen-kommend, sympathisch, optimistisch, kooperativ und erwartungsvoll aufeinander zu zugehen.	Zuversicht, Interesse, Kontakte, Wissen, Sympathie, Freude.

Contra	Pro	Gewinn
Glaubenssätze sind contraproduktiv, zweifelhaft, Projektiv, kritisch, ungeklärt, problematisch und nehmen starken Einfluss auf unsere alltäglichen Handlungen.	Durch Hinterfragung der eigenen Handlungen, werden diese produktiver, zweifelfreier, konstruktiv, förderlicher und Aufbauend.	Selbstvertrauen, Entwicklungs-fähigkeit, Motivation, Lernbereitschaft, Grundlagen.

Entwicklungsbereiche:

Contra	Pro	Gewinn
Im persönlichen Bereich führt zu wenig Kommunikation oft zu Interpretationen, Hilflosigkeit, Beziehungs-problemen und Missver-ständnissen.	Durch Gespräche, welche sehr gut in den Alltag integrierbar sind, wird Transparenz in der Beziehung gegeben.	Klarheit, Tragfähigkeit, Beziehungsfähig-keit, Verständnis.

Contra	Pro	Gewinn
Oft geht es innerhalb des beruflichen Alltags um Konflikte, Konflikteskalation, mangelnde Kompetenzen welche der Produktion, Kommunikation, Organisation schaden.	Durch den Aufbau der Kompetenzen, werden weniger Konflikte entstehen, was wiederum die Produktion, Kommunikation und Organisation ertragreicher, wettbewerbsfähiger und nachhaltig wirtschaften lässt.	Kompetenzen, Erträge, Wirtschaftlichkeit, Erfolg.

Contra	Pro	Gewinn
Im Alter wird durch Diskriminierung, Abgrenzung, Entmündigung, Aberkennung der Achtungswürdig-keit und der Assimilation es den älteren Generationen erschwert ihren Beitrag in der Gesellschaft auszuführen.	Durch Integration wird es ermöglicht, das die älteren Generationen einen erheblichen Beitrag für künftige Generationen in Form der Regel, Normen, Werte, Ritualvermitt-lungen überliefern.	Chancen auf Aufbau, Veränderungen, Entwicklung, Neubelebung, Entfaltung, Wachstumsjahre.

Hauptteil

3.3 Blockaden durch aktive Änderungen lösen
Methoden und Vergleiche mit
Entwicklungsbereichen

Angst:
Verfahren (Methoden):
Konfrontationsverfahren (Systematische
Desensibilisierung, Flooding), bei Trauma EMDR, bei der
eine Überprüfung der Befürchtungen ermöglicht wird. Eine
veränderte Herangehensweise ermöglicht es neue
Erfahrungen zu sammeln, wodurch fortgesetzte
eigenständige Übungen und hieraus eine Gewöhnung
resultieren, was wiederum die Bewältigungsfähigkeit
stärkt.
Dies beschreibt eine Lernerfahrung, die vergleichbar auch
bei nicht krankheitswertigen Ängsten eine erfolgreiche
Bewältigung der zuvor gefürchteten Herausforderung
ermöglicht.
Kurzer Inhalt des Handlungsansatzes:
Systematische Desensibilisierung=
Hier wird eine Hierarchie erstellt, bei der der stärkste
Auslöser ganz oben angelegt ist und der schwächste Reiz
ganz unten. Zunächst wird durch gedankliche
Konfrontation erlernt (durch Entspannung und
Aufklärung), mit dem schwächsten Reiz umzugehen,
danach wird die Konfrontation in der real Situation
begonnen, ist hier kein Vermeidungsverhalten mehr (keine
Angst), so kann der nächste Auslöser bearbeitet werden.
Flooding=
Dabei wird der Patient nach ausführlicher Information und
Vorbereitung dem stärksten Angstreiz ausgesetzt und soll
in der Situation bleiben,
bis seine Angst zurückgegangen ist.

Wenn eine Person z. B. Höhenangst hat, dann wäre die Reizüberflutung das Verweilen auf einem hohen Turm.

EMDR=

Es wird angenommen, dass durch die bilaterale Stimulation mittels bestimmter Augenbewegungen (oder auch akustischen oder taktilen Reizen), eine Synchronisation der Hirnhälften ermöglicht wird, die bei der posttraumatischen Belastungsstörung gestört ist. Erklärend wird Bezug genommen auf eine Schlafphase, bei der starke Augenbewegungen stattfinden und zugleich ein erhöhter Verarbeitungsmodus des im Alltag Erlebten vermutet wird.

Vergleich:

Bei der systematischen Desensibilisierung ist die Wirksamkeit andauernd, sie ist jedoch auch eine im Vergleich zur Flooding - Methode langsamere Herangehensweise.

Bei Trauma gibt es verschiedene Therapiemethoden, die Imaginative Verfahren, Narrative Verfahren, Trauma-Körperorientiertes Modell, Verhaltenstherapeutische Ansätze, Somatische Erfahrungstherapie, EMDR und Debriefing. Bei einmaligen und kurzweiligen Traumata ist die EMDR-Methode die am schnell Wirksamsten. Bei mehrfach oder komplexen Traumata ist die in der jeweiligen Situation erforderliche Therapie wirksam, welche jedoch auch ineinander übergreifend stattfinden können.

Erfahrungen:

Verfahren (Methoden):

Erfahrungen müssen bewertet und verarbeitet werden, damit sie länger wirksam bleiben und wir uns auf diese Berufen können. Sie können erworben werden durch Informationssammlung, Rollenspiele, Berufserfahrungen, Lebenserfahrungen und durch Modelllernen.

Kurzer Inhalt des Handlungsansatzes:
Informationen=
Die Beseitigung von Ungewissheit durch Auskunft,
Aufklärung, Mitteilung, Benachrichtigung oder Kenntnisse.
Rollenspiele=
Soziale Rolle: Sie beschäftigt sich damit, wie
gesellschaftlich vorgegebene Rollen erlernt, verinnerlicht,
ausgefüllt und modifiziert werden. Sie wird angewandt in
der Pädagogik und Therapie. Wobei hier auch das frei
Assoziierte und spontane Rollenspiel, bei dem die
Spielteilnehmer während des Spielens mit Fantasie offen
gestalten aufgeführt wird.
Psychodrama: Ist ein Rollenspiel, indem der einzelne
Spieler für bereits bekannte Situationen neue spontane und
kreative Handlungen entwickelt. Durch Sharing berichten
zuerst die Mitspieler und dann die Zuschauer, was sie
erlebt und für ihr eigenes Leben gelernt haben.
Durch Feedback geben die Mitspieler und die Zuschauer
direkte Rückmeldungen an die Spieler. Beides dient der
Verarbeitung von erlebten und der Integration von
Erfahrungen und Erkenntnissen. Es wird im Rahmen von
Beratung und Psychotherapie angewandt.
Rollenspiel (Simulation): Rollenspiele zur Simulation eines
Gesprächs oder Konflikts zwischen zwei oder mehr
Personen werden oft von Firmen durchgeführt, z.b. zu
Schulungszwecken oder um eine realistische Einschätzung
davon zu erhalten, wie der Bewerber auf eine bestimmte
Arbeitsstelle eine für den jeweiligen Job typische Situation
meistern würde.
Eine besondere Form der Simulation sind
Führungsplanspiele, in denen komplexe Führungs- und
Arbeitsprozesse simuliert werden. Die Teilnehmenden
trainieren real Führungsaufgaben wie Ziele vereinbaren,
Informationen weitergeben, Aufgaben delegieren und
Entscheidungen treffen, Arbeitsprozesse organisieren,
Kontrolle auszuüben, Mitarbeiterinnen und Mitarbeiter

zu motivieren und zu fördern und Stress und Konflikte
souverän zu bewältigen. Die Arbeitsergebnisse können
quantitativ, qualitativ und kostenmäßig sehr gut mit dem
Verhalten der Führungskräfte und dem Verhalten der
Mitarbeitenden in Beziehung gesetzt werden.

Berufserfahrung=
Wenn eine Person schon länger eine bestimmte Tätigkeit
verrichtet hat und dadurch mit vielen verschiedenen
Situationen konfrontiert war, die gemeistert werden
mussten und sich so ein breit gefächertes Wissen zugelegt
hat.

Lebenserfahrung=
Das erprobte und bewährte Wissen, das im Laufe eines
Lebens gewonnen wurde.

Modelllernen=
Beschreibt Lernvorgänge, die durch die Beobachtung von
Modellcharakter ausgelöst werden. Modelle sind dabei
Menschen, deren Verhalten beobachtet werden kann. Die
tatsächliche Anwesenheit des Modells ist dabei von
untergeordneter Bedeutung. Andere Bezeichnungen sind
Beobachtungslernen, Imitationslernen oder auch
stellvertretendes Lernen.

Vergleich:
Informationen dienen der ersten Übermittlung, die eine
Sicherheit herstellen.
Durch Rollenspiele können Lösungen gefunden, neues
Verhalten erprobt und gefestigt oder auch altes gelöst
werden.
Berufserfahrungen dienen dem Erwerb von Fähig und
Fertigkeiten, als auch einem gut strukturiertem Fachwissen,
was durch ältere Beruftätige vermittelt werden kann.
Lebenserfahrung wird erst mit zunehmendem Alter
erworben, dies kann jedoch auch durch ältere Generationen
weitervermittelt werden.
Modelllernen wenden wir alle täglich an, oft ist dies ein
unbewusster Prozess, welcher auch in die bewusste Ebene

gehoben zu schnelleren Erfahrungssammlungen führt. Durch seriöse Schulungen, Seminare, Infoveranstaltungen, Weiterbildungen, Ausbildungen können immer Erfahrungen erweitert werden.

Vermeidungsverhalten:

Verfahren (Methoden):

Entspannungstraining (Progressive Muskelentspannung, Autogenes Training), Konfrontationsverfahren (siehe Angst), kognitive Verhaltenstherapie, Selbstmanagement-Therapie, Stressimpfungstherapie dienen zum einen mit Entspannungstechniken sich der Situation stellen zu können und durch dem Begreifen der Kognitionen diese in Selbstbestimmtes und stressfreies Verhalten um zu arbeiten.

Kurzer Inhalt des Handlungsansatzes:

Progressive Muskelentspannung=

Nacheinander werden folgende Muskelpartien an- und wieder entspannt: rechte Hand - rechter Unterarm - rechter Oberarm - linke Hand - linker Unterarm - linker Oberarm - Stirn - Augenpartie - Nase - Mundpartie/Unterkiefer - Nacken - Schultern - Rücken - Bauch - rechter Fuß - rechter Unterschenkel - rechter Oberschenkel - linker Fuß - linker Unterschenkel - linker Oberschenkel. Diese Technik dient innerhalb einer angespannten Situation sich selbst schnell körperliche Entspannung zu schaffen.

Autogenes Training=

Es besteht üblicherweise aus sieben Übungen, die nacheinander Ruhe, Schwere und Wärme in den Armen und Beinen, eine Beruhigung des Pulses und der Atmung, Wärme im Sonnengeflecht und Kühle der Stirn durch Selbst- Suggestion hervorruft. Durch die Satzbildung ist es möglich Aufträge an sich Selbst im Unbewussten zu verankern.

Kognitive Verhaltenstherapie=
Die Rational Emotive Verhaltenstherapie und die
Kognitive Verhaltenstherapie gehen davon aus, dass die
Art und Weise, wie wir denken, bestimmt, wie wir uns
fühlen und verhalten und wie wir körperlich reagieren.
Punkte der Therapie sind, Bewusstmachung von
Kognitionen, Überprüfung von Kognitionen und
Schlussfolgerungen auf ihre Angemessenheit, Korrektur
von irrationalen Einstellungen und dem Transfer der
korrigierten Einstellungen ins konkrete Verhalten.
Selbstmanagement=
Diese Fertigkeiten sind z.b. Selbstbeobachtung,
Selbstinstruktionen, Zielklärung und Setzung,
Selbstverstärkung, Selbstkontrolle, Selbstmanagement-
Strategien können in einer Psychotherapie oder
eigenständig mit Hilfe von Selbsthilfe - Manualen und
Ratgeberbüchern erlernt werden. Voraussetzung dafür ist
das erkennen von Defiziten und die Bereitschaft, an sich zu
arbeiten. Wichtig ist - ein konkretes Ziel - ein realistisches
Ziel - ein Ziel, das der Betroffene selbst kontrollieren kann
- eine Belohnung bei Zielerreichung.
Stressimpfungstherapie=
Der Klient erprobt die neu erworbenen
Bewältigungsfertigkeiten in realen Belastungssituationen.
Die Stresssituationen werden in der Regel gestuft
aufgesucht und unter Einsatz von Selbstverbalisation vom
Klienten durchgeführt.
Ziel der Anwendungsphase ist, dem Klienten eine gewisse
Flexibilität im Umgang mit realen Problemsituationen zu
ermöglichen. Es wird davon ausgegangen, das der Klient in
der Übungsphase Bewältigungsreaktionen erlernt hat, die
für reale Belastungssituationen eine schätzende
Immunisierung ausüben.
Vergleich:
Entspannungsverfahren sind immer von Vorteil, da sie in
vielen Situationen einsetzbar sind.

Wenn eine selbstbestimmte Therapie gewünscht wird, so
ist hier die Progressive Muskelentspannung, gegebenenfalls
Flooding, Selbstmanagementtherapie und die
Stressimpfung angemessen, da sie sowohl schnell eingeübt
werden können, als auch schnell wirksam sind, was jedoch
Eigenmotivation voraussetzt.
Die anderen genannten Verfahren und Therapien sind
schonender in der Vorgehensweise, dennoch ebenso
wirksam.

Abwehrmechanismen:
Verfahren (Methoden):
Training sozialer Kompetenzen, Selbstmanagement,
rational Emotive Therapie sind für Veränderungen der
Affekte, welche der Hintergrund von Abwehrmechanismen
sind förderlich.
Kurzer Inhalt des Handlungsansatzes:
Training sozialer Kompetenzen=
Folgende Kenntnisse und Fähigkeiten zu erwerben:
Empathie, Menschenkenntnis, Kritikfähigkeit,
Wahrnehmung, Selbstdisziplin, Toleranz,
Sprachkompetenz, Interkulturelle Kompetenz,
Teamfähigkeit, Kooperation, Kommunikationsfähigkeit,
Verantwortung, Flexibilität, Konsequenz, Vertrauen,
Vorbildfunktion, Emotionale Intelligenz, und Engagement.
Selbstmanagement=
Siehe Vermeidungsverhalten
Rational Emotive Therapie=
Hier besteht die Möglichkeit der Einzel oder
Gruppentherapie, in der irrationale Überzeugungen bewusst
gemacht, in Frage gestellt und im Sinne einer kognitiven
Umstrukturierung verändert werden. Die aus Überzeugung
und Einstellung resultierenden Gefühle sollen gleichzeitig
intensiver erlebt und verändert werden.

Vergleich:
Ich habe hierzu die drei Richtungen gewählt, da sie als Handlungsansatz sehr wirkungsvoll sind. Es können jedoch auch verschiedene Richtungen der Verhaltenstherapie in Anspruch genommen werden.

Konditionierungen:
Verfahren (Methoden):
Neuro Linguistisches Programmieren, Systematische Desensibilisierung, Imaginative Verfahren, Schematherapie sind zugleich schonende als auch selbststeuerbar wirksame Verfahren.
Kurzer Inhalt des Handlungsansatzes:
Neuro Linguistisches Programmieren=
Der Klient kann mit Hilfe einiger NLP-Formate durch den Berater auch in eine leichte Trance (ohne bewusstseinserweiternde Elemente) geführt werden und in dieser Entspannung innere Bilder oder Gefühle betrachten. Das Ziel der Intervention hängt von den vorhandenen Ressourcen des Beraters und des Klienten ab. Die wichtigsten Bestandteile im laufenden Prozess sind die Autosuggestionen (Selbstbeeinflussung), das Dissoziieren (Distanzierung), das Ankern (Bindung), und das Reframing (Deutung).
Systematische Desensibilisierung=
Siehe Angst
Imaginative Verfahren=
Bildgebende Verfahren innerhalb derer die Tresorübung, bei dem belastende Inhalte zunächst in einen trennbaren Behälter gegeben werden, die Screen-Technik, bei der die Szenen distanziert und unter Kontrolle angesehen werden können, der innere sichere Ort, in dem Geborgenheit erfahren werden kann und dieser immer zur Verfügung steht, innere Helfer, welche Schutz und Kraft geben, den Notfallkoffer, hier werden alle Ressourcen wie man

sich selbst helfen kann aufgezeigt, Baumübung, so stark zu sein, wie ein Baum und dessen Wurzeln als Boden zu haben, das innere Team, bei dem alle Eigenschaften der eigenen Persönlichkeit einbezogen werden.

Schematherapie=
Um Veränderung im Leben herbeizuführen, wird zunächst ergründet, welche Verhaltenschema dafür sorgen, dass bestimmte ungewünschte Verhaltensweisen wiederholt durchgeführt werden. Danach wird ein Weg erarbeitet, der es ermöglicht, eine gewisse Distanz zu seinen Mustern zu erhalten, um nicht dem Automatismus zu erliegen. Diese Distanz wird hergestellt, indem wertungsfrei das eigene Verhaltensrepertoire analysiert wird, wozu ein Verständnis der Ursachen sehr wichtig ist. Durch die wertungsfreie Beobachtung soll über Selbsterkenntnis eine neue Handlungsfähigkeit geschaffen werden, welche ein bewussteres Handeln begünstigt.

Vergleich:
Ich habe hier sehr bewusst Verfahren gewählt, die auf Selbsterkenntnis und Handlungsfähigkeit beruhen, da konditionierte Personen sehr feinfühlig mit Abwehr auf Konditionierungen reagieren, weil sie hier negative Erfahrungen gemacht haben.
Um nun die Kontrolle, die zunächst für sie sehr wichtig ist behalten zu können, sind diese Verfahren durch den eigenen Handlungsanteil wirkungsvoller, als die bekannte Aversive Dekonditionierung. Auch die direkte Konfrontation sollte hier eher nachhaltig Anwendung finden.

Glaubenssätze:
Verfahren (Methoden):
Um Glaubenssätze verstehen und gleichzeitig auch beheben zu können sind folgende Verfahren von Vorteil: Neuro Linguistisches Programmieren,

Selbstsicherheitstraining, Verbales
Selbstinstruktionstraining, Problemlösetraining, kognitive
Verhaltentherapie.

Kurzer Inhalt des Handlungsansatzes:

Neuro Linguistisches Programmieren=
Siehe Konditionierung

Selbstsicherheitstraining= auch soziales
Kompetenztraining (SKT) engl. Assertiveness Training
Programm (ATP)
Eine Methode zur Verbesserung sozialer Kompetenzen und
zwischenmenschlicher Interaktion. Es wird sowohl in
Gruppensettings, als auch in Einzelkontakten geübt, mittels
Rollenspiele, Feedback usw.

**Verbales Selbstinstruktionstraining (nach
Meichenbaum)=**
Eine Form von Metakommunikation, innerhalb derer das
innere Sprechen zur Selbststrukturierung eingeübt wird.

Problemlösetraining=
Allgemeine Problemorientierung bei der Strategien und
Handlungsfähigkeiten zur schnellen und effektiven Lösung
des Problems erworben werden.
Beschreiben des Problems durch genaue Definition.
Erstellen von Alternativen Bewältigungsmöglichkeiten mit
Hilfe von Brainstorming (Ideensammlung) ohne einer
Wertung. Treffen einer Entscheidung, bei der auch eine
mehrstufige Skala erarbeitet und besprochen wird, welche
Entscheidung die effektivste ist.
Anwendung und Überprüfung erfolgt in der Realsituation
und in infolge werden die Ergebnisse hieraus nochmals
bewertet.

Kognitive Verhaltenstherapie=
Sie dienen einer langfristigen kognitiven Umstrukturierung,
bei der negative Kognitionen durch rationale ersetzt
werden, was zu aktiverem und kompetenterem Verhalten
führt. Im einzelnen wird mit dem Sammeln und
Aufzeichnen automatischer Gedanken zu finden begonnen,

wodurch das erkennen von Mustern kognitiver Verzerrungen ersichtlich wird und ein Testen der Kognitionen ermöglicht, woraus nun die Trennung durch Entkatastrophisierung und dem einbringen der neuen Argumente erfolgt und zum Aufbau von Erwartungen führt.

Vergleich:
Durch die vorgegebenen Verfahren können Lösungen gefunden, neues Verhalten erprobt und gefestigt oder auch altes gelöst werden.

Entwicklungsbereiche:

Persönlicher Bereich:
Verfahren (Methoden):
Zwischenmenschliche Kommunikation (Kommunikationsfähigkeit), Selbstsicherheitstraining sind Verfahren, die sowohl die Selbstkompetenz fördert, als auch die Handlungsfähigkeit erweitert.
Kurzer Inhalt des Handlungsansatzes:
Kommunikationsfähigkeit=
Bei Störungen im Kommunikativen Bereich können verschiedene Vorgehensweisen hilfreich sein, wie eine Gesprächspause, Überschlafen, Vertagung auf einen klar vereinbarten Zeitpunkt, Emotionsklärung und Partner oder Eheberatungen, Telefon-Internetseelsorge, Mediation, Seminare und Bildungskurse.
Es kommt oft zu Missverständnissen, wenn der Empfänger einer Nachricht sich auf eine andere Seite der Nachricht bezieht, als vom Sender vorgesehen. Durch geschickten Einsatz von Metabotschaften kann der Empfänger beim richtigen Interpretieren der Nachricht unterstützt werden. (Metabotschaft= sämtliche Informationen, die dem Empfänger einer Nachricht helfen, diese zu

entschlüsseln) je klarer die Nachricht formuliert, desto weniger Missverständnisse können entstehen.

Selbstsicherheitstraining=
Eine Methode zur Verbesserung sozialer Kompetenzen und zwischenmenschlicher Interaktion. Es wird sowohl in Gruppensettings, als auch in Einzelkontakten geübt, mittels Rollenspielen, Feedback usw.

Verbales Selbstinstruktionstraining=
Eine Form der Metakommunikation, innerhalb derer das innere Sprechen zur Selbststrukturierung eingeübt wird.

Vergleich:
Es gibt viele Fortbildungen, welche darauf basieren die Kommunikation zu strukturieren, jedoch ist auch darauf zu achten, das die Basis der Kommunikation enthalten ist.

Schulischer Bereich:
Verfahren (Methoden):
Peer-Mediation, Schulsozialarbeit, Gruppendynamisches Training sind Verfahren, die sowohl unterstützend, als auch selbstbestimmend Verwendung finden.

Kurzer Inhalt des Handlungsansatzes:

Peer-Mediation=
Die Schüler sollen innerhalb der Peer Group häufiger und unkomplizierter miteinander ins Gespräch kommen. Um eine Peer Mediation zu ermöglichen, müssen vorher einige Schüler zu Streitschlichtern ausgebildet werden. Die kann nur auf freiwilliger Basis erfolgen. Ziel der Peer-Mediation ist das soziale Klima an einer Schule zu verbessern, ein Teil der Gewaltprävention zu sein, Schüler durch die Ausbildung soziale Kompetenzen zu vermitteln, mehr Eigenverantwortung zu übertragen, Entwicklung eines Rechtsbewusstseins, Toleranz und Konfliktfähigkeit zu fördern.

Schulsozialarbeit=
Wichtig für ein wirksames und zufrieden stellendes
Arbeiten ist in allen Fällen eine klare Absprache zwischen
den Fachprofessionen Jungendhilfe und Schule darüber,
wer wofür zuständig ist. Wie nah man dem Ziel einer
verzahnten, gleichberechtigten Kooperation kommt, hängt
dabei naturgemäß immer von den Menschen vor Ort ab.
Professionelle Schulsozialarbeit hat die Aufgabe in jeder
Schule neu zu ermitteln, was gebraucht wird und mit
welchen Menschen die notwendigen Schritte gegangen
werden können.
Erfolgreiche Schulsozialarbeit ist möglich durch:
Kontinuierliche Gruppenarbeit, zeitnahe Interventionen z.b.
bei Schulmündigkeit oder kritischen Lebenssituationen,
leichte Erreichbarkeit für Eltern; Schüler und Lehrer (in der
Schule während der Unterrichtszeit), tragfähige
Kooperationsstrukturen mit Institutionen (Polizei,
Verkehrsbetriebe usw.) und Personen um Schulumfeld,
Innovative Projekte, die das Wir Gefühl von Klassen und
Schulgemeinden steigern, Angebote zu den Themen
Suchtprävention und Intervention, Gewaltprävention,
Sexualpädagogik und Berufsorientierung.
Gruppendynamisches Training=
Eine Sonderform der Gruppenarbeit, welche das üben von
Gestaltung und Verständigungsprozessen durch Selbst- und
Gruppenarbeit zum Ziel hat, um die eigenwilligen sozialen
Geschehen in Gruppen kennen zu lernen. Im Mittelpunkt
des Trainings steht das Erleben im hier und Jetzt, wobei
sich die Erlebnisse auf das persönliche Erleben der
Beziehungen und Gefühle und nicht auf Sachverhalte
bezieht. Durch die Trainer wird nur so viel Ordnung und
Struktur vorgegeben, wie unbedingt erforderlich ist,
wodurch den Teilnehmern möglichst viel Raum für freies
Handeln und Ausprobieren ermöglicht wird, wobei sie
Selbst herausfinden müssen, miteinander Ordnung zu
schaffen, um sich wohl zu fühlen und arbeitsfähig zu sein,

wer welche Aufgabe übernimmt und was erlaubt und verboten ist. Arbeitsfähig ist die Gruppe dann, wenn es ihnen gelingt die Situation selbstständig zu klären und zu verbessern, wobei die Trainer beraten und unterstützen, aber nicht anleiten.

Vergleich:
Die ersten beiden Verfahren sind unterstützend und das letzte ist selbstbestimmt, was wiederum die Handlungskompetenz, Selbsterfahrung, Selbstständigkeit usw. fördert.

Beruflicher Bereich:
Verfahren (Methoden):
Teamentwicklung, Coaching, systemisches Coaching, systemische Organisationsberatung, Win-Win-Strategie, Ermöglichungscoaching sind Verfahren, welche die Kompetenzen erweitern, die Systeme optimieren und das zu gleichen Teilen.
Kurzer Inhalt des Handlungsansatzes:
Teamentwicklung=
Die Teamentwicklung als aktiver, gesteuerter Prozess, welcher der Verbesserung der Zusammenarbeit von Mitarbeitern, insbesondere bei zeitlich befristeten Projekten dient. Es sollen Kooperationsbereitschaft und Teamgeist gefördert werden, um die Arbeitseffizenz des Teams zu steigern. Oft werden dabei nicht nur Kompetenzen einzelner Teammitglieder oder der ganzen Gruppe (z.b. Kommunikation) optimiert, sondern auch Strukturen der Zusammenarbeit neu geordnet. Als Methoden kommen dabei neben Trainings und Coaching moderierte Workshops, Feedback-Techniken oder Outdoor-Trainings zum Einsatz.
Coaching=
Wird im Management, Vertreib und im persönlichen Bereich bei Fragen im beruflichen und persönlichen

Kontext eingesetzt. Durch die Anregung eines Experten werden die Handlungen im realen Umfeld durchdacht und gemeinsam nach besseren Handlungsalternativen gesucht, womit Ziele erreicht werden können.

Es wird auch als Führungsinstrument eingesetzt, wobei der Vorgesetzte die Rolle des Coaches übernimmt. Hier können jedoch auch Rollenkonflikte auftreten. Das Karrierecoaching steht oft am Anfang einer geplanten und individuellen Personalentwicklung. Auch das Konflikt-Coaching kann bei einer Klärung des Rollenkonfliktes förderlich sein.

Systemisches Coaching=
Coaching wird dabei als Ressourcen- und lösungsorientierte Prozessberatung verstanden: Der Kunde ist Experte für seine Probleme und Lösungen, der Coach ist Experte für den Weg zum finden der Lösung. Der Berater entwickelt im Coaching gemeinsam mit dem Kunden individuell passende Lösungen und gibt keine Lösungen vor. Systemisches Coaching ist ziel- und ergebnisorientiert und anhand konkreter, mit dem Kunden erarbeiteten Zielkriterien evaluierbar. Der Gecoachte analysiert seinen Beitrag und Möglichkeiten in der Interaktion, wobei er Alternativen zum Problemverhalten entwickelt. Hier helfen zirkuläre Fragen, wobei der gecoachte seine Lösungen reflektiert und aus dieser Erkenntnis heraus sein neues Verhalten plant.

Systemische Organisationsberatung=
Ist ein Verfahren, welches des systemischen Coachings entspricht, jedoch erweitert auf die Systeme in Organisationen.

Win-Win-Strategie=
Zur Anwendung der Win-Win Strategie ist es erforderlich, eine Reihe von Kommunikationstechniken zu erlernen, um die typischen Missverständnisse und ein Zurückfallen auf das Streiten um Positionen zu verhindern. Ein wesentliches Element dabei ist z.b. das Vermeiden von

74

verbalen Angriffen, Schuldzuweisungen und Verurteilen der Gegenseite. Eine faire Auseinandersetzung kann durchaus die Bewertung von Argumenten enthalten.
Es ist allerdings unbedingt erforderlich, sich dabei in den Standpunkt der Konfliktpartner hineinzuversetzen, um Abstand zur eigenen Position zu gewinnen, unnötige Konfrontationen zu vermeiden und die Diskussion immer wieder auf eine Auseinandersetzung um die Interessen zu lenken sowie gezielte nachfragen und Ich- Botschaften zu geben.

Ermöglichungscoaching=
Das verfolgen und Streben nach einer Beratung und somit machtfreien Förderung der Selbstreflexion und Selbstwahrnehmung, sowie der selbstgesteuerten Verbesserung und Erweiterung des Verhaltens- und Handlungsrepertoires. Anstelle eines Beratung und Vermittlungsauftrages findet ein interaktiver Begleitprozess statt. Im Mittelpunkt dieses Prozesses steht der Zuwachs an Kompetenz hinsichtlich zukünftiger Schlüsselqualifikationen, also eine fachübergreifende Weiterentwicklung. Hier wird erlernt, in Alternativen zu denken und zu handeln, ein wertebezogenes Verhalten auszuformen als auch Problemlösestrategien zu entwickeln.

Vergleich:
Das einfache Coaching, die Win-Win Strategie als auch die Teamentwicklung sind Direktive Verfahren, wobei das systemische Coaching, die systemische Organisationsberatung als auch das Ermöglichungscoaching nondirektive (selbstbestimmende) Verfahren sind, welche durch den Erfahrungswert besser verankert und als nachhaltiges Handlungselement zur Verfügung steht.

Gesellschaftlicher Bereich:

Verfahren (Methoden):

Kompetenztraining, Ressourcenorientierung, Systemisches Coaching, Reframing, Ermöglichungscoaching, Beziehungsarbeit sind in der heutigen Gesellschaft Grundvoraussetzungen, wodurch der Wert produktiv wachsen wird.

Kurzer Inhalt des Handlungsansatzes:

Kompetenztraining=

Sich Fertigkeiten und Fähigkeiten durch Übungen an zu eignen. Dies können folgende Kompetenzen sein: Alltagskompetenz, Durchführungskompetenz, Leitungskompetenz, Fachkompetenz, Sachkompetenz, Feldkompetenz, Handlungskompetenz, Informationskompetenz, Inkompetenzkompensationskompetenz, Interkulturelle Kompetenz, Internet-Kompetenz, Kernkompetenz, Kompetenz der Sprachwissenschaft, Lese- und Schreibkompetenz, Medienkompetenz, Methodenkompetenz, Personale Kompetenz, Selbstkompetenz, Sozialkompetenz.

Ressourcenorientierung=

Ist die Pflege und Akquisition von einzigartigen Ressourcen, welche eine gewichtige Ursache für die Unterschiedlichkeit von Unternehmen sind und zur Ursache von Wettbewerbsvorteilen werden können. Ein Unternehmen ist nur so gut, wie seine einzigartigen Ressourcen, zu denen auch Wissen, Konzessionen oder effiziente Prozesse zählen können und es ist ein Bündel von Ressourcen, welche nicht übertragbar und nicht imitierbar sind.

Systemisches Coaching=

Siehe beruflicher Bereich

Reframing=
Durch Umdeutung wird einer Situation oder einem Geschehen eine andere Bedeutung oder ein anderer Sinn zugewiesen und zwar dadurch, dass man versucht, die Situation in einem anderen Kontext zu sehen. Die Metapher hinter dem Ausdruck geht darauf zurück, dass ein Rahmen entscheidend dafür sein kann, ob ein Kunstwerk dem Betrachter unscheinbar oder schöner erscheint. Ein Rahmen grenzt jedoch auch ein und wenn wir diese Grenzen verlassen, können sich neue Vorstellungen und Möglichkeiten ergeben.

Ermöglichungscoaching=
Siehe beruflicher Bereich

Beziehungsarbeit=
Hier wird versucht eine sinnvolle Begegnung mit anderen herzustellen, wozu gehört, dass der Andere wichtig ist, sein Verhalten ernst genommen wird, seine Gefühle respektiert werden und seine Persönlichkeit als wertvoll erachtet wird. In dieser Arbeit ist auch das einlassen auf seine persönliche Seite substantiell, wodurch der eigenen Gefühle erst Ausdruck verliehen werden kann, was wichtig für eine vertrauensvolle Beziehung ist.

Vergleich:
Ich habe diese Verfahren ausgesucht, da sie alle eine Form des Umdenkens enthalten und auch stark Ressourcenorientiert sind, um sie sowohl für jeden Einzelnen als auch für Gruppen, Unternehmen, Organisationen und gesellschaftliche Ebenen nutzbar werden zu lassen.

Im Alter:
Verfahren (Methoden):
Integrationsarbeit, Netzwerkbildung,
Ressourcenorientierung, interessenorientierte
Weiterbildung, Motivationsarbeit sind Voraussetzungen,
durch welche ältere Generationen innerhalb der
Gesellschaft integriert werden können.
Kurzer Inhalt des Handlungsansatzes:
Integrationsarbeit=
Unter Herausarbeitung der Ressourcen wird festgestellt,
welche Bereiche für den integrativen Prozess gegeben sind.
Diese können sein:
Gut vermitteln können, hier kann mit Kindern zusammen
nach Lösungen gesucht werden.
Körperliche Fähigkeiten, hier kann eine Gymnastikgruppe
angeleitet werden.
Malen und Zeichnen, hier kann eine gestalterische Gruppe
geleitet werden.
Um hier nur einige Möglichkeiten zu nennen.
Netzwerkbildung=
Netzwerke bilden, welche für die körperlichen
Beschwerden, für die Bildung für Senioren, für
Gruppenaktivitäten, für Austausch relevant sind.
Hier kann auch mit den Senioren gemeinsame Arbeit
geleistet werden, innerhalb derer jeder einzelne dazu
beitragen kann, das Netzwerk zu erstellen. Dies kann
sowohl im Internet, als auch durch schwarze Bretter oder
ähnliches erfolgen.
Ressourcenorientierung=
Siehe gesellschaftlicher Bereich, wobei dies auf einzelne
aber auch auf das Unternehmen Seniorenheim Anwendung
findet.

Interessensorientierte Weiterbildung=
Eine der Interessen entsprechende Weiterbildung wie z.b.
Internet-Kurse für Senioren (auch in Heimen realisierbar),
Schwimm-Kurse, Gymnastikkurse, Atemkurse,
Entspannungskurse, Mal und Zeichen Kurse, Sprachkurse
und weitere mehr.

Motivationsarbeit=
Hier spielen die Grundbedürfnisse eine entscheidende
Rolle, zum einen das Motiv etwas zu tun oder zu
verändern, aus sich selbst heraus (Autonomie), zum
anderen die Kompetenz, welche jeder eine oder mehr
mitbringt und ausbauen kann und zuletzt hieraus die
soziale Eingebundenheit. Sie wirken gewissermaßen als
Motor für das ständige Streben des Menschen nach
persönlicher Entwicklung und Wohlbefinden.

<u>Vergleich:</u>
Durch die genannten Verfahren wird es ermöglicht, das
ältere Generationen ihren positiven Beitrag leisten, sie ihre
Achtungswürdigkeit behalten und somit ihre persönliche
Entwicklung und ihr Wohlbefinden selbst organisieren und
den künftigen älteren Generationen deutlich machen, das
auch sie Perspektiven im Alter haben.

Hauptteil

3.4 Fallbeispiele

Die Fallbeispiele sind in kurzen Auszügen beschrieben.

Fallbeispiel von Angst:
Beratung aufgrund von Flugangst. Nach dem zweiten
Gespräch wurde ersichtlich, das die Flugangst nicht durch
Erfahrung verursacht, sondern von einem Familienmitglied
übertragen wurde. Zunächst wurde mit systematischer
Desensibilisierung in sensu begonnen. Durch sehr gute
Vorbildung, wurde die Umsetzung in vivo erleichtert,
welche am Flughafen vorgenommen wurde. Nach 3
Beratungsgesprächen Innerhalb derer die neuen
Erfahrungen besprochen wurden, wurde die Beratung
erfolgreich beendet.

Fallbeispiel von Erfahrungen:
Beratung aufgrund von Paarproblemen. Bereits beim ersten
Gespräch wurde ersichtlich, das es sich hier um starke
Amnesien handelte, was sich durch nicht wissen, was zu
Beginn einer Unterhaltung gesagt wurde zeigte. In weiteren
Gesprächen bestätigte sich, dass dies bereits seit der
Kindheit auftrat. Aufgrund der Situation des Paares, sind
die Aufklärung der Thematik und die Stabilisierung mit
imaginativen Verfahren zunächst im Vordergrund. Durch
die zurückliegenden Gespräche ist auch die Wichtigkeit
eines Kommunikationstrainings erkennbar geworden. Es
wurde geklärt, dass zwar die Vergangenheit ihren Teil
beiträgt, sie jedoch heute die Möglichkeit einer
Veränderung haben, wodurch sie sich heute neu kennen
lernen und neue Erfahrungen sammeln. Die zunehmenden
Fortschritte, wirken sich positiv auf das Leben, ihre
Beziehung und das Familienleben aus.

Fallbeispiel von Vermeidungsverhalten:
Beratung aufgrund von Rückzug. Kind brach sämtliche
Kontakte ab und ging kaum bis gar nicht mehr aus dem
Haus, besuchte jedoch die Schule. Vermied auch zu Beginn
der Beratung das Gespräch, grundsätzlich wenn es um
Verantwortung ging. Es wurde ersichtlich, das hier alle
Konfrontation abgenommen wurde. Durch
Kommunikationstraining hat sich die Gesprächssituation
gebessert, wodurch zunehmend Selbstbewusstsein und
Selbstvertrauen gewonnen wird und wieder mehr Aktivität
statt findet.

Fallbeispiel von Abwehrmechanismen:
Beratung aufgrund ausgeprägten Ängsten. In weiterer
Gesprächen wurde transparent, das es sich hier um
mehrfache Traumatisierung mit einer ernst zu nehmenden
Krankheit handelte. Durch erneute Re-Traumatisierung
wobei sich herausstellte, dass die Krankheit sich
verschlimmert hatte, lag der Fokus hier mehr auf der
Krankheit, als auf dem Trauma und deren
Folgeerscheinungen. Bei Annäherung an die Traumata
wurde auf die Krankheit gelenkt, welche als
Abwehrmechanismus diente. Nach Aufklärung über
Trauma, Klärung des Krankheitsgewinnes, Fallstricke
durch Abwehrmechanismen, wurde begonnen sich den
Traumata zu stellen, wobei hier imaginative Verfahren zur
Stabilisierung und Verhaltensänderungen durch
systematische Desensibilisierung aufgrund der Ängste
Anwendung fanden. Gute Fortschritte wurden erzielt,
Ängste abgebaut und erlernt die Traumata zu verstehen, zu
bearbeiten und zu integrieren.

Fallbeispiel von Konditionierung:
Beratung aufgrund schwerer Traumatisierung mit
Konditionierungen nach ritualisiertem Missbrauch. Die
Aufarbeitung findet mit imaginativen Verfahren zur
Stabilisierung statt. NLP und systematische
Desensibilisierung dienen dazu die Konditionierungen zu
lösen oder um zu leiten auf ursprüngliche Verknüpfungen
um hieraus neue Erfahrungen sammeln zu können.
Hierdurch verändert sich das Schema, kontinuierliche
Fortschritte werden deutlich, um ein uneingeschränktes
Leben zu führen.

Fallbeispiel von Glaubenssätzen:
Beratung mit Ängsten in Bezug auf den Umgang mit dem
Kind. Annahme dem Kind zu schaden, durch wenig
Geduld. Es stellte sich heraus, dass Übertragungen aus der
Vergangenheit stattfanden, welche stark durch
Glaubenssätze zum Vorschein traten. Durch die Arbeit an
den Glaubenssätzen, als auch an der Übertragungsthematik
veränderte sich die Struktur sehr schnell. Die Beratung
konnte nach 4 Gesprächen erfolgreich abgeschlossen
werden.

Schemata zur Darstellung von Verhaltensänderungen:

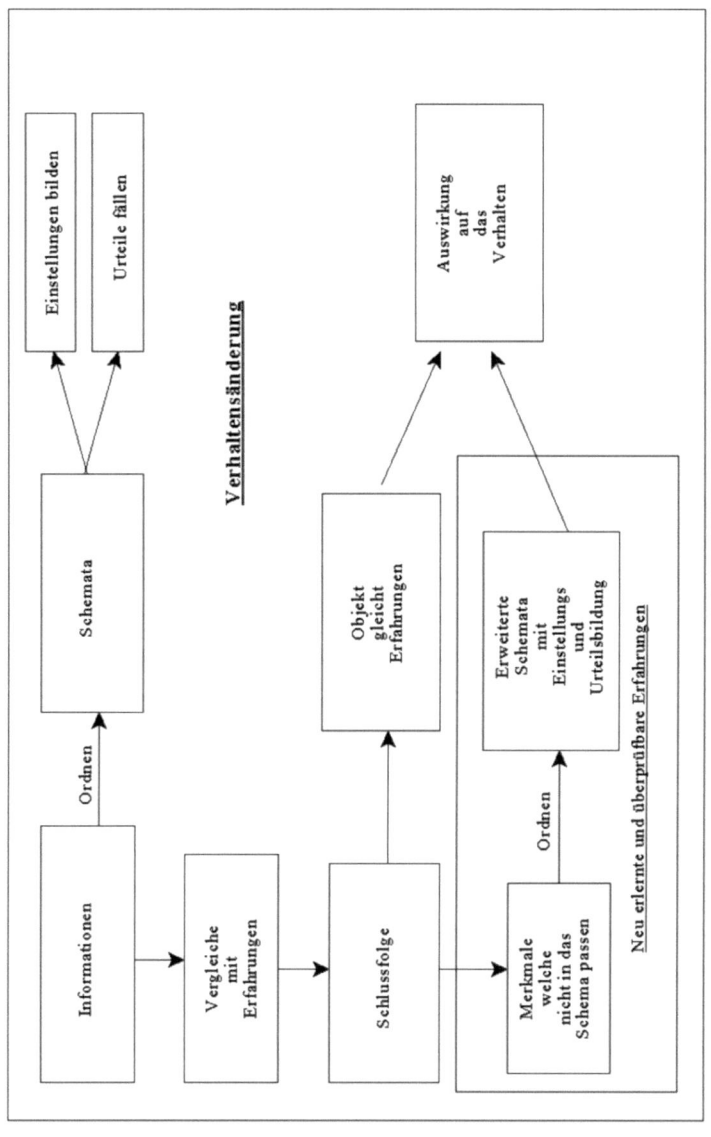

4. Schlussfolgerung:

Oft schieben wir unangenehme Dinge von uns weg, statt uns diesen zu stellen und hieraus wieder frei für neues sein zu können. Diese Blockaden hindern uns an unserer eigenen Entwicklung. Ich habe in meiner Arbeit aufgezeigt, wie wir uns diesen Blockaden stellen und unsere Entwicklung gewährleisten können, damit ihr nichts mehr im Wege steht.
Es gibt viele Bereiche der Ressourcen, weshalb wir unsere Sicht nicht immer nur in eine Richtung lenken sollten, sondern alle Möglichkeiten dieser in Betracht ziehen. Ich kann jeden aus eigener Erfahrung nur ermutigen diese Selbst zu machen, es wirkt sich auf ganze Lebensbereiche aus und fördert die eigene Entwicklung, das Selbstbewusstsein, Selbstsicherheit, Selbstwertgefühl, Selbstvertrauen, Eigenmotivation und vieles mehr. Das Resultat macht sich auch auf der persönlichen, beruflichen, gesellschaftlichen Ebene bemerkbar. In gewisser weise Lernen wir hierdurch erneut unsere Neugier kennen und entdecken die Welt.